Die Hochfinanz gretren der Politik. Politi
land, dieses wird bes
angegriffen – sind ihr
unseren sozialen Fried
stoppen. Eine lebensw
kommen erhalten blei..
wohnheiten infrage stellen.

Wir werden uns das Kapital, das Vermögen und die Arbeit teilen und nur mehr drei Tage in der Woche arbeiten, damit es keine Arbeitslosen, kein Leid und keinen Hunger mehr gibt. Es gibt keine Zinsen, weder für Sparguthaben noch auf Kredite. Dann gibt es auch keine Aktien und Wertpapiere mehr. Alle bringen sich mit Leistung in die Gesellschaft ein. Es gibt nur mehr ein (Bank-) Konto weltweit, direkt beim Finanzamt. Es gibt kein Bargeld mehr, sondern alle Zahlungen werden elektronisch über das Finanzamtskonto geführt. Es gibt eine Leistungsentlohnung bis 80.000 € netto (derzeitige Kaufkraft 2018) im Jahr, ein Lebensvermögen von 1,5 Mio. €, darüberhinausgehend wird zu 100 % versteuert, weil mehr an <u>Leistung</u> nicht erbracht werden kann. Es gibt auch keine Arbeit mehr, die unterbezahlt ist, jeder muss mit einem Lohn, mit einer Beschäftigung leben können. Wir erzeugen nur mehr nachhaltige Produkte mit langer Lebensdauer und schützen damit unsere Umwelt. Wir bieten nur mehr sinnvolle Dienstleistungen an und wir reduzieren damit die Arbeitszeit weiter, um gesünder zu leben. Dann brauchen wir auch weniger Arzneimittel. Wir brauchen keine Spielsalons und Glücksspiele.

Wir erzeugen, soweit es geht, alle Produkte selbst in unserer Region. Wir bebauen unsere Äcker und Wiesen mit allen vorhandenen Pflanzenarten, die in der jeweiligen Region wachsen. Wir verkaufen keine Unternehmen und Grundstücke an Kulturfremde. Wir streben, soweit es geht, Unabhängigkeit an. TTIP und anderes brauchen wir nicht.

Die Hochfinanz schafft sich ab. Wir bauen uns eine andere Welt, wir erklären die Staaten als „schuldenfrei".

Engelbert Weißenbacher

Ethik-Partei Europa, EtP-EU

Die neue BABEL

Bibliografische Information der Deutschen Nationalbibliothek:

Die Deutsche Nationalbibliothek verzeichnet diese Publikation in der Deutschen Nationalbibliografie; detaillierte bibliografische Daten sind im Internet über http://dnb.dnb.de abrufbar.

Oktober 2006, September 2010, Mai 2016, Mai 2019

© 2006, 2010, 2016, 2019 Engelbert Weißenbacher

Herstellung und Verlag: BoD – Books on Demand, Norderstedt

Printed in Germany
ISBN 978-3-8334-3622-2

Eine neue Partei

Gedanken: Wie entkommen wir diesem System, wie mag dieses entstanden sein?

Das System der Hochfinanz, das neoliberale kapitalistische System, funktioniert mit der Verschuldung der Staaten, der Unternehmen und der einzelnen Bürger. Die Verschuldung der Staaten ist von der Hochfinanz gewollt, weil damit die Bürger der Staaten undurchschaubar in die Zinsfalle getrieben werden. Der Staat (das sind wir Bürger) muss dann die Schulden mit Zinsen zurückzahlen.

Die Bürger haben viel gearbeitet und fleißig gespart und ihr Erspartes auf ein Bankkonto gelegt. Die Machthaber und Eigentümer der Banken haben dieses Geld der Bürger an jene Menschen verborgt, welche einen Vorschuss (Kredit) für ihre Investitionen brauchten. Sie verborgten unser Geld mit Zinsen. Die Bürger, die den Vorschuss (Kredit) nahmen, mussten somit mehr zurückzahlen, als sie aufgenommen hatten. Mit diesem Überschuss – den Zinsen – häuften die Machthaber, die Eigentümer der Banken, ohne eigene aktive Leistung Geld an. Sie „arbeiteten" mit dem Ersparten der Bürger so lange, bis sie mit den Zinsen so viel Geld angehäuft hatten, dass sie dann dieses „Zins-Geld" auch noch verborgen konnten. Mit diesem Zinsenspiel wuchs ihr Kapital sehr rasch an, um es dann wieder verborgen zu können. Damit das System – der Diebstahl an den Bürgern – nicht auffällt und anrüchig wird, gaben sie Zinsen für Bankguthaben. Die Bürger freuten sich, weil sie nur bis hierher denken konnten und es immer noch so denken. Die Differenz Kreditzinsen zu Guthabenzinsen nahmen und nehmen sich die Machthaber, die Eigentümer der Banken, die Hochfinanz für sich selbst. Wir, die Bürger, arbeiten mit Kreditaufnahme und Erspartem, welches auf den Banken liegt, der Hochfinanz ihr Vermögen zu. Es ist aber unser Vermögen. Sie borgt uns unser Geld und zwingt uns dann ihre Regeln für unser Geld auf. Sie schickt uns dann ihre „Bewerter", diese bewerten die Staaten in ihrer Bonität ab und erhöhen dadurch die Zinsen, welche an sie zurückfließen. Sie knechten uns damit.

Der einfache Bürger und fleißige Sparer möge denken, warum solle er für sein Bankguthaben, welches für Kredite verwendet werde und einem anderen gute Investitionen beschere, nichts bekommen. Er, der konservative fleißige Sparer, werde keinen Kredit aufnehmen, damit ihm die Sparzinsen als Gewinn bleiben. So einfach ist der Gedanke, er ist aber falsch, er unterliegt einen Irrtum. Jeder, auch wenn einer keinen Kredit aufnimmt, zahlt Kreditzinsen und somit arbeitet er der Hochfinanz ihr Vermögen zu. Warum? Die Machthaber der Hochfinanz beeinflussten die Lehre der Betriebswirtschaft, somit beeinflussten sie die Unternehmer direkt. Sie geben Kredite an die Unternehmer. Die Unternehmen erzeugen die Produkte, die jeder braucht, ihre Kalkulation, ihr Preis muss die Zinsen der Kredite, die sie bei den Banken aufnehmen, tragen. Die Produktionsunternehmen arbeiten zu über 90 % mit Fremdkapital, also mit Kreditschulden, wofür sie Zinsen zahlen. Wir, die Bürger, tragen diese Zinsen dann über den Preis der Produkte. Damit hat die Hochfinanz einen entscheidenden Schritt zur Verschleierung ihrer Ziele, der Verschuldung der Bürger, gesetzt. Die Verschuldung über die Erzeugung der Produkte der Unternehmen. Und weil dieses Spiel dann als legal in der Betriebswirtschaftslehre festgeschrieben wurde, fällt es uns ohne Nachdenken nicht mehr auf. Die finanzierten Medien singen im gleichen Chor der Hochfinanz.

Und weil das Spiel der Spiele so gut läuft, haben sie sich an den Staaten vergriffen und den Staaten, den öffentlichen Haushalt, das Geld der Bürger auch noch verborgt, um dafür Zinsen zu verlangen. Mit der Verschuldung der Staaten haben sie alle Macht. Sie setzen willfährige Politiker ein, lassen sie über ihre beherrschten Medien hochleben. Sie lassen diese aber auch fallen, wenn einer ihnen zu gefährlich wird, ihre Interessen nicht mehr vertritt und den Bürgern die Verschuldungspolitik nicht mehr aufzwingt. Durch die Medien, die Geldwirtschaft (Banken) und durch die Politiker (durch das von ihnen erfundene Delikt der Volksverhetzung, das beliebig eingesetzt wird) haben sie alle Macht. Um nicht die Bürger über diese legalen Gräueltaten aufklären zu müssen, wollen sie das Internet kontrollieren. Sie fragen über Suchmaschinen nach (Problem-)Texten und eliminieren die Texte und die Verfasser. Deckt einer aus ihren eigenen Reihen das auf, wird er ebenfalls verfolgt und ausgeschaltet. Die Staaten (die obersten Politiker) schauen bei dieser Verfolgung der Aufdecker und Informanten tatenlos zu. Wie viele Menschen haben sie durch dieses System schon „ausgeschaltet"?

Mit der Verschuldung der Staaten haben sie den letztmöglichen irdischen Schritt gesetzt, es wäre nur mehr die Verschuldung des Universums möglich. Nur Gott pfeift denen was, er lässt sie – diese Gräuel – zeitlebens schon verfolgen.

Oktober 2013, Amerika und Frankreich stehen vor dem finanziellen Kollaps, die Hochfinanz greift nach den stärksten Volkswirtschaften, fallen diese, fallen viele andere mit.

Sommer 2014, die Hochfinanz greift Russland an, die Europäer werden von der Hochfinanz (Handlanger Amerika) genötigt, Sanktionen gegen Russland anzustellen, damit auf europäischem Boden Unruhe entsteht. Grund hierfür sind die Enteignung eines Oligarchen und die Eingliederung dieses Unternehmens in den Staat. Die Oligarchen sind Vorschoter der Hochfinanz, die Mehrheiten in diesen Unternehmen haben jene, die nicht in Russland leben und von der Ferne Russland über die Geldwirtschaft angreifen. Russland ist neben China noch wehrhaft, das stört diese Familien, die alle Weltherrschaft haben wollen.

Sie hetzen die Staaten, die Welt, in einen Krieg, in einen für sie entscheidenden Krieg. Sie wollen es wieder wissen. Die Schulden der Staaten werden auf null gestellt.

Es ist grauenvoll, dass diese Herrschaft nicht wegzubekommen ist. Immer wieder nehmen sie die Welt in den Würgegriff, zetteln Unruhen an und schreiben dann diese Unruhen dem Volke zu, durch die von ihnen kontrollierte Macht an den Medien und die Macht an der Literatur. Wie lange provoziert ihr uns noch?

Juli 2015, die Hochfinanz und alle Staaten Europas setzen Griechenland erheblich unter Druck. Sie fordern von den armen Griechen die Sanierung ihres Staatshaushalts. Die reichen Griechen haben ihr Geld außer Landes gebracht, ca. 200 Mrd. € sind in europäischen Banken gebunkert und dem Volk und griechischen Banken entzogen worden. Große europäische Denker, tut euer Wohl und gebt den Griechen ihr eigenes Geld (das von den reichen Griechen) zurück! Medien und „Wirtschaftsweise", macht euch stark für mehr Gerechtigkeit! Das griechische Geld, welches auf unseren und europäischen Banken liegt, soll in dem Land, wo es gebunkert liegt, gleich mit 40 % besteuert werden und diese Steuereinnahmen müssen dem griechischen Staat überwiesen werden, d. s. 80 Mrd. €. Der Rest, ca. 120 Mrd. €, soll dann den griechischen Banken rücküberwiesen werden, damit das Land, die Banken und das Volk liquide sind. Nach dieser Überweisung wird eine Kapitalabflusssperre gesetzt. Alles andere ist scheinheilig und Europa nicht würdig. Danach wird Griechenland Reformen durchführen, dabei brauchen aber die Griechen nicht hungern, sie haben ja genug eigenes Geld, es liegt auf unseren europäischen und den amerikanischen Banken.

Herbst 2015: Massenhaft strömen Flüchtlinge bestens organisiert in den europäischen Zentralraum. Dort, wo sie herkommen, werden Kriege und Gräueltaten mit europäischen, amerikanischen und russischen Waffen geführt. An diesem Krieg verdient die Waffenlobby (auch arabische Familien) Unmengen an Geld. Besteuert diese Unternehmen (Familien) derart hoch, damit wir die Flüchtlinge dort in ihrer ursprünglichen Heimat mit ihren Steuern versorgen können. Nehmt ihnen über die Steuer alle Gewinne, damit sie endlich aufhören, diese Kriege mit Waffen zu füttern!

Gebt den Flüchtlingen ihr Land zurück, schickt sie wieder heim, damit sie ihr Land aufbauen können, sie werden langfristig nur dort, in ihrer Heimat, wirklich glücklich sein. In Europa brauchen wir keinen Islam, wir hatten unsere Glaubenskriege schon vor Jahrhunderten, wir haben uns weiterentwickelt und brauchen das nicht.

Das Ziel dieses Paradigmenwechsels ist die Schonung und Wiederherstellung unserer Umwelt, wir haben nur diese eine Erde. Durch die Umverteilung von Reich nach Arm wird es gelingen, wogegen es durch Pseudoaktionen durch „umweltschonende Technik" mit diesem Wirtschafts- und Geldsystem nie gelingen kann. Man gaukelt den Menschen vor, dass es durch „grün" besser werde. Es kann nur durch die vollkommene Abschaffung der Zinsen und Aktien und durch die Umverteilung der Gelder und Güter gelingen. Nur, das will niemand aufgreifen, weil die mächtigen Personen viel verlieren werden. Alle unterwerfen sich noch der Hochfinanz. Mit jedem Tag wissen wir es aber besser, dass dieses derzeitige System uns alle vernichtet. Um die Grundbedürfnisse aller Menschen im derzeitigen System zu sichern, muss unverhältnismäßig viel an Umwelt vergeudet werden, weil die Reichen alles an sich ziehen und es bei ihnen brachliegen lassen. Durch Umverteilung und Haltbarkeitssteigerung müssten viele Güter nicht mehr so oft erzeugt werden, die Umwelt würde geschont. Die jetzigen Machthaber schaffen es nicht. Beim Klimagipfel 2015 offeriert China, dass sie nur mehr bis 2030 eine Steigerung der Verschmutzung haben werden. Mein Gott! Webt euch ins Universum!

Den selbsternannten „Wissensträgern" sind in ihrer Lehre und Erziehung die gestellten Fragen wichtiger als die Antworten, so haben sie alles fremde Wissen aufgesaugt und sich über Jahrhunderte einen Vorsprung zu anderen Völkern geschaffen. Sie haben die Macht, Änderungen von oben herab zu veranlassen, sie beherrschen die Medien, die Kultur und die Literatur, die Wissenschaft und die Geldpolitik. Warum nehmt ihr wenige euch nicht zurück damit ihr allen dieser Welt helfen könnt. Warum so grausam?

Ihr habt euch über Jahrhunderte mit Wissenschaft beschäftigen dürfen und können, weil andere die manuelle Arbeit auch für euch mit erledigt haben, diese Arbeit aber war minder bezahlt, so sind sie damit in ihrem Wohlstand ins Hintertreffen gelangt. Jetzt, aber müsst ihr euch wieder weiterentwickeln, warum seid ihr in eurer Entwicklung stehengeblieben? Wollt ihr von euren Gütern nichts mehr hergeben, könnt ihr euch nicht mehr bewegen? Die Umwelt dürstet nach Entlastung.

Ich gönne euch die nächste viel wertvollere Entwicklung. Eine ethisch ausgerichtete Denk- und Handlungsweise sollte bald eure Tugend sein, wir warten schon Jahrhunderte darauf. Euer Wissen ist nicht Intelligenz. Mit viel Wissen lässt sich auch eine Bombe bauen und werfen. Liebe und Intelligenz ist aber das höchste Gut was ein Mensch irdisch erreichen kann. Niemals wird mit Liebe und Intelligenz eine Bombe gebaut und geworfen, das schließt sich aus.

Schaffen wir den Übergang von der Wissenswelt zu Liebe und Intelligenz - zur Ethik - friedlich, es ist allen gedient damit. Habt Freude am Geben, ihr gebt nur her was euch nie hätte sein dürfen, mit Leistung habt ihr euren Reichtum nicht erlangt, ihr besitzt Güter des Volkes Eigentum, gebt sie frei, schonen wir die Umwelt.

Verwerft oder ändert euer Wissen, lässt eure kindliche Empfindung walten, der Ursprung des Guten und der Ethik, der Liebe. Es ist der Geist, die geburtlich mitgegebene Empfindung, welche das Wissen zum Guten lenkt.

Ethik-Partei Europa; EtP-EU

Jeder Mensch soll in Zukunft in Würde leben und achtsam mit der Umwelt umgehen. Dieses Jahrhundert soll für Ethik und Frieden stehen, nur mehr wirklich Notwendiges wird erzeugt. Die Bürger sollen ihre Zukunft in die Hand nehmen. Die neue „Ethik-Partei Europa, EtP-EU", soll stetig nach ihren Wünschen und Bedürfnissen fortgeschrieben werden. Diese Bewegung schürt keinen Klassenkampf, weil es ihr Ziel ist, dass es um des Friedens willen keiner Klassen mehr braucht.

Wir stehen inmitten einer schwierigen Zeit. Unseren erwirtschafteten Wohlstand wollen wir erhalten, eine gerechtere Umverteilung dieses Wohlstands müssen wir aber erst verwirklichen. Derzeit beherrschen 3 % der Menschen 98 % des Vermögens, das ist sehr ungerecht. Wir müssen dieses Ungleichgewicht wieder ins Lot bringen und eine gerechtere Verteilung des Kapitals und der Güter erlangen.

Ein notwendiger Paradigmenwechsel kann nur mit einer neuen europaweiten politischen Partei eingeleitet werden, denn: Wir haben kein Arbeitsplatzproblem, kein Hungerproblem, kein Bildungsproblem, kein Pensionsproblem usw. Wir haben nur ein uns aufgezwungenes Verteilungsproblem.

Die uns jüngst aufgebürdete Finanzkrise ist keine Krise an sich, die Hochfinanz hat Volksvermögen an ihre Seite gehäuft, damit wir wieder für sie arbeiten. Wir sollen „Schulden" abarbeiten, die nicht unsere Schulden sind. Sie unterjochen uns damit. Um das entwendete Volksvermögen wieder zurückzubekommen, müssen wir unser Land, unser Europa als „schuldenfrei" ausrufen. Denn: Wir haben das Geld, welches uns die Hochfinanz als Kredite gewährt, denen durch unsere Leistung zugearbeitet, und wir haben ihr Spiel durchschaut, wie wir auch unsere Politiker durchschaut haben, die dieses Spiel unterstützen. Wir haben durchschaut, dass die Hochfinanz die politischen Parteien (links/rechts) aus unterschiedlichen Motiven finanziert, um den Bürgern jeweilige Vertretung vorzutäuschen. Gibt es eine Rechte, muss auch eine Linke finanziert werden, damit die Täuschung funktioniert. Keine wird aber das neoliberalistische Kapitalsystem ernsthaft angreifen – darf sie auch nicht –, sonst wird sie nicht mehr finanziert. Die hoch dotierten Posten gibt es nur deshalb, weil sich dann Manager und Politiker leichter und willfähriger hierzu prostituieren lassen.

Bestimmte Gruppen lassen die Menschen nicht im selben Ausmaß an der Wohlstandsmehrung teilhaben, wie sie sie sich selbst gönnen. Sie schreiben ihre Regeln und geben Kredite an Personen, die ihre Lebenssituation verbessern wollen. Diese Kredite müssen mit hohen Zinsen abgezahlt werden, wie insbesondere in den östlichen Mitgliedsstaaten Europas, wo die Menschen für Kredite horrende Zinsen zahlen und ihre unterbewerteten Grundstücke, Höfe und Häuser dafür einsetzen müssen. Viele werden sich die Kredite mit diesen hohen Zinsen nicht leisten können und Haus und Hof verlieren. Mit zinsbehaftetem Geldverleih werden bestimmte Gruppen immer reicher.

Durch die Zukunftsangst fällt es jedem Menschen schwer, dem derzeitigen Tun und Handeln abzuschwören. Keiner will und kann aus dem System ausbrechen, weil er sich dann von den herrschenden Lobbyisten, den Netzwerkern, Nachteile erwarten muss. Weitblickendes Handeln wird erdrückt. Der erschreckende Zustand unserer Umwelt – Erderwärmung durch Verschmutzung – unterliegt einer Exponentialfunktion und endet wie jede in der Natur vorkommende entartete Population und Funktion, im Chaoswirbel (mathematischer Ausdruck). Alle bisherigen Prophezeiungen der besorgniserregenden Entwicklungen werden viel bedrohlicher sein, als derzeit vorausgesagt wird. Untersuchungsergebnisse unserer Wissenschaftler werden uns aus Profitgier verschwiegen. Die technischen Fortschritte bringen eine hohe Arbeitslosigkeit mit sich. Höchst unverständlich wird an den alten Modellen der Marktwirtschaft festgehalten. Ausgebeutete Regionen versinken in Armut, Krankheit und Leid.

In Zukunft braucht es Menschen, die völlig neue Wege gehen. Die Mächtigen halten an ihrem erschlichenen Wohlstand fest, das schadet unserer Umwelt. Um diese zu retten, müssen sie alles zurückgeben, was sie ohne Leistung durch ihre eigennützig aufgestellten Regeln ergattert haben.

Menschen, die diesem derzeitigen Wirtschaftssystem abschwören und dagegen ankämpfen, dafür aber neue Ideen einbringen, werden ihrer Existenzen beraubt, indem man sie organisiert arbeits- und damit würdelos macht. Die ganze Familie, auch deren Kinder, wird verfolgt.

Die Parteien behindern sich gegenseitig. Vorschläge und Zukunftsvisionen, welche nicht aus den eigenen Reihen stammen, werden negiert, verworfen oder in ein anderes Kleid verpackt, um dann von ihnen selbst hervorgebracht zu werden. Die Gegenpartei übt sich in Ablehnung und bekämpft dann die eigenen ursprünglichen Ideen. Diese Taktiken führen zum Stillstand in der Umweltpolitik, in sozialen und ethischen Bereichen und schaffen ekelhaften Unmut. Die mit der Macht verwurzelten Politiker sind auch mit Neuwahlen nicht wegzubekommen, nach einem Rücktritt tauchen sie kurz unter und stehen am anderen Ende des Suds – auf Versorgungsposten – wieder auf, wie in einer Diktatur.

„Eure Ideen holt ihr euch bei der Bilderberg-Konferenz, der geheimen – immer an einem anderen Ort stattfindenden – Konferenz der Hochfinanz. Ihr Politiker, Medien- und Wirtschaftsbosse beeilt euch dorthin, um bei diesem Klub des Gräuels dabei sein zu dürfen. Dort wird euch vorgegeben, welche Finanzpolitik ihr zu machen habt, welche Informationen ihr strategisch aufbereiten und verbreiten müsst. Schämt euch!"

Ihr lasst euch tatsächlich von „Bewertungsagenturen" leiten und beeinflussen, sagt doch denen, dass es für sie endgültig vorbei ist, lest denen die Leviten. Wenn ihr es nicht tut, wird es wer anderer tun, die Ethikpartei Europa hat keine Scheu davor.

Vor dem Marshallplan musste ein Wahnsinniger gefunden werden, der alles vernichtete und grausames Leid seinen Gegnern antat. Nach dieser Tat hat man uns mit zinsbehaftetem Geld „geholfen", die Verschuldung wuchs dadurch ins Unermessliche. Heutzutage gibt sich für diese Taten keiner mehr her, die Zinsmaschinerie wird nunmehr über die „Bewertungsagenturen" aufrechterhalten oder neu erfunden. Wo führt das hin? Lasst es die Bürger wissen, wie dies funktioniert! Irgendwann werden sie euch durchschauen. Wie wollt ihr euch dann rechtfertigen?

Warum beherrschen Betriebswirte die Volkswirtschaft eines Staates? Warum werden die Jungen von ihren Vätern und Müttern in Managerpositionen gehievt, auf Scheiterhaufen geworfen, wo sie dann verbrennen, warum so grausam? Die Jungen sollen erst arbeiten und erst dann Führungspositionen übernehmen, eine gewisse Reife ist hierzu notwendig. Warum erkennt ihr nicht, was das Volk schon lange erkennt? Es erkennt, mit euch gehen wir unter. Werdet ihr rechtzeitig für andere den Weg freimachen?

Die Staatsverschuldungen haben mittlerweile große Volumen, das war/ist gewollt. Die Kapitalmärkte zwingen einzelnen Staaten unterschiedliche Zinsbelastungen auf, dahinter steckt ein grausames System. Die EZB-Führung ist besetzt mit der Hochfinanz, dort sitzen die Gleichen, die Goldenen Acht. Die Hochfinanz wählt in Europa „Führerstaaten" aus. Diesen gewährt man niedrige Zinsen für ihre Schulden, sie profitieren davon. Weiters sucht sich die Hochfinanz „Schuldenstaaten" aus. Diesen Staaten werden hohe Zinsen angelastet, damit es ihnen dann noch schlechter geht und sie noch weiter abgewertet werden können, was wiederum für sie noch höhere Zinsen bedeutet. Die „Führerstaaten" zwingen alle anderen Staaten in Europa, die „Schuldenstaaten" zu retten, um das Begehren der Hochfinanz zu befriedigen. Die Führerstaaten betreiben dieses Spiel nur solange ihre Zinsen geringer sind als die Einzahlungen in den „Rettungsschirm". Bis dahin saugt der Kapitalmarkt

Unmengen an Volksvermögen von allen Staaten Europas ab. Die Führer kaufen in dieser Zeit halb Europa (Realitäten und Inseln) auf, um später vom Tourismus und den Firmen- und Landzukäufen zu profitieren. Wenn die Führerstaaten sehr hoch mit Schulden und Haftungen belastet sind, greift die Hochfinanz auch auf die Führerstaaten zu. Die Führer gehen unter, wie bis jetzt noch alle Führer untergegangen sind.

Ein grausames Spiel: Man treibt die Menschen der Staaten durch die aufkommende Armut wegen der hohen Zinsbelastung in einen Bürgerkrieg, lässt sie dort über Medien glauben, dass sie nun alles selbst zerstört hätten. Mit dem Wiederaufbau werden die Zinsen für die Hochfinanz dann wieder anlaufen. Lasst euch nicht in diese Zerstörung hineintreiben! Gründen wir ein eigenes Leistungs- und Währungssystem, wenn es sein muss, ohne die „Führerstaaten" mit nur einem Konto, direkt beim Finanzamt. Damit schafft sich die Hochfinanz ab. Dann müssen wir unsere Staaten als „schuldenfrei" ausrufen. Die Staatsschulden, ohne sie zu tilgen, auf NULL stellen. Das ist gerecht! Wir nehmen Schulden 1.000 € und verzinsen es mit 5 % auf 15 Jahre, das ist dann 2.079 €. In 15 Jahren bezahlen wir mehr als das Nominale (1.079 €) an Zinsen. Nach Kriegsende bis heute sind es über 60 Jahre, wir haben schon mehrfach (60 / 15 = 4-mal) unser Schuldnominale über Zinsen abgezahlt, jetzt muss Schluss sein; unserer Umwelt und unserem Frieden zuliebe. Der Derivate-Handel hat ein Ausmaß von 700-Billionen-Dollar. Das ist ein Mehrfaches des Welt- (Erd-)-vermögens. Aus welchem Ungeist schöpfen die Akteure der Hochfinanz ihren Irrsinn. Mit diesem treibt ihr ganze Staaten und die komplette Welt in den Ruin. Grausam ist die Ankündigung, dass man diesen „Markt" regeln wolle, dieser Markt ist kein Markt, es ist reiner Irrsinn, das gehört verboten! Da Zinsen, Aktien, Bitcoins und Derivate nicht gottgewollt sind, liegt es an uns, sie abzuschaffen. Europa wird frei!

E U R O P A – Welt der Zukunft

Denker in Europa mögen eine Änderung der Werte herbeiführen. Alle Menschen sollen dem Überfluss abschwören und die Rohstoffe auch nachfolgenden Generationen in ausreichendem Maße überlassen. Für eine ausgewogene Ressourcennutzung muss Europa zu den „Vereinten Staaten Europas" zusammenwachsen. Die nationalen Regierungen müssen umgebaut werden und im Europäischen Parlament ihren Platz einnehmen. Jeder Staat errichtet eine Regionalorganisation, welche die Beschlüsse der Europaregierung umsetzt.

Unsere einheitliche Währung Euro ist sehr sinnvoll. Wir müssen sie aber vor der Hochfinanz schützen, indem wir zuerst die Zinsen und folglich die Aktien und Wertpapiere abschaffen. Wir wollen nicht, dass dieses Europa vom unsozialen Kapitalismus beherrscht wird.

Europa soll sich nach dem Beitritt (dem Zusammenschluss mit) der Sowjetunion und deren engsten Mitgliedsstaaten konsolidieren. Die Teilung der großen Lebensräume – Vorderasien und Europa – der christlichen und muslimischen Völker soll Konflikte verhindern. Ein Lebensraum soll ähnliche Gesinnungen unter einem Dach zusammenhalten. Europa muss ein Bollwerk des Friedens werden, muss der Ungerechtigkeit abschwören und Maßnahmen initiieren, die Gleichberechtigung und Gerechtigkeit schaffen. Es muss nachhaltige Friedenspolitik betreiben und diese gute Politik auch in die Welt hinaustragen. Alle großen Staaten sollen gemeinsam für Wohlstand und Frieden in der Welt sorgen.

Europa soll sich auf das Wohl der Menschen einschwören. Das Kapital und die Güter werden gerecht verteilt. Übermäßiger, ohne Einbringung von entsprechender Leistung gehorteter Reichtum von Einzelpersonen wird stetig über Steuern ins Volksvermögen zurücktransferiert, damit Produktionen und Bauten, zum Schutze der Umwelt, vermieden werden können. Europa beutet keine Länder anderer Kontinente und auch nicht die eigenen neuen Mitgliedsstaaten aus. Europa soll sich ein „neues Währungssystem" (ohne Zinsen) einrichten und intensiv erforschen, inwieweit und wie rasch sich eine bargeldlose Gesellschaft – wo Geld durch Leistungskonten der Bürger und Unternehmen beim Finanzamt ersetzt wird – umsetzen lässt.

Die Einwohner Europas lassen sich nicht mehr irreführen, sie sind kritisch und bauen sich ihre Gesellschaft. Einen normalen – aus den Bedürfnissen entstammenden – Wirtschaftsaufschwung wird es in Europa nicht mehr geben. Die Gebäude, die Maschinen, all das, was in der Vergangenheit geschaffen wurde und viel Arbeit für die Menschen brachte, wird mehreren Generationen zur Verfügung stehen. Arbeit an diesen elementaren Gütern ist nur mehr im Hinblick auf die Erneuerung, die Instandhaltung oder den Fortschritt notwendig, mit Maschinen und Werkzeugen ist diese Arbeit schnellstens getan. Europa wird in Zukunft alle benötigten Güter mit höchsten Umweltstandards wieder selbst herstellen, damit alle ein gebührendes Einkommen haben und unnötige Transporte vermieden werden können.

Es ist nur gerecht, dass es den Menschen in den neuen EU-Ländern sowie in Asien und in Afrika bessergehen soll. Zinsen jedoch benötigen ein stetig steigendes Wirtschaftswachstum, viel Energie verzerrende Müllgüter müssen deswegen – zum Schaden der gesamten Umwelt – erzeugt werden. Die Erzeugung von ausschließlich sinnvollen Produkten verbraucht weniger Ressourcen und weniger Arbeitszeit.

Ein Europa der Beschäftigten. Niemand ist arbeitslos und niemand muss sich Fürsprachen bei den Organisationen erbitten, welche heute die Misere der Arbeitslosigkeit für ihre eigene Daseinsberechtigung ausnützen. Alle Menschen in Europa müssen mit einer Beschäftigung ihren Lebensunterhalt verdienen können. Die Umverteilung der Arbeit durch Arbeitszeitverkürzung auf 20 oder weniger Wochenstunden als Vollerwerbstätigkeit wird allen Menschen Arbeit und einen Vollerwerbslohn geben und sie an den Mehrwerten teilhaben lassen („Recht auf Arbeit", so wird es in der EU-Verfassung stehen). In einem so großen Wirtschaftsraum, wie Europa es ist, wo alle benötigten Grundstoffe Großteils vorhanden sind, lässt sich das auch umsetzen.

Ein Europa der Freigeistigkeit. Ziel ist die Wiederherstellung der Meinungsfreiheit. Niemand darf wegen ausgesprochener oder aufgeschriebener Gedanken verfolgt oder beim Erwerb seines Lebensunterhalts benachteiligt werden. Niemand soll sich durch die Erneuerung unseres Europas bedroht fühlen und niemand soll sich ängstigen müssen. Die großen Missstände der Finanzwirtschaft müssen beseitigt werden, damit auch in Zukunft der Frieden erhalten bleibt.

Wir müssen uns vom jetzigen System lossagen. Die Aktienbesitzer verlangen immer mehr Gewinne. Um sie zu füttern, braucht es immer wieder einen Wirtschaftsaufschwung, mehr Leistung muss stetig erbracht werden, damit diese Drohnen allein durch Geldverleihen, also ohne Leistung, ihre Saläre erhalten. Das ist ungerecht. Die Zins- und Aktienwirtschaft saugt alles Erwirtschaftete zu einer kleinen Gruppe, die Menschen arbeiten für deren Einkommen – sie rennen für sie im Laufrad, Ende nie in Sicht. Sie müssen Müllgüter produzieren, damit sie sich ihre bescheidene Wohnung und ihr Essen leisten können. Solange wir an diesem Zustand festhalten, schaffen wir immer mehr Chaos und wir belasten die Umwelt sehr. Wenn wir aus der Umweltmisere wirklich herauskommen wollen, dann müssen wir dieses Wirtschaftssystem verlassen, was vielen unterjochten Menschen nicht schwerfallen wird. Die Drohnen halten natürlich an ihrem Zins- und Aktiensystem fest. Dieses kann jedoch mit einem Leistungskonto (nur ein Konto weltweit) direkt beim Finanzamt umgangen werden. Ein vollkommener zweiter in sich geschlossener (Leistungs-)Kreislauf – mit der Einheit Euro – neben dem derzeitigen Geldkreislauf soll aufgebaut werden; einer ohne Zinsen, Aktien und Wertpapiere, was bedeutet, dass man mit dem Verleihen von Geld keine Gewinne (Mehrwerte) mehr erzielen kann. Die Aktien werden von diesem zweiten Kreis nicht mehr gespeist. Das wäre die Erlösung vom unerträglichen Joch. Es braucht dazu den Willen, das zu tun. Die Angst vor der „Ein-Bankkonto-Politik" muss genommen werden, es soll sich niemand fürchten müssen, wenn das Finanzamt das Konto einsehen kann. Vertrauen in unseren Staat und rechtmäßig Steuern für unser gutes Sozialsystem zu zahlen, ist dem Leumund nicht schädlich.

Programm der Ethikbewegung

Durch dieses Parteiprogramm sollen Energien freigesetzt werden, welche momentan nicht sinnvoll eingesetzt sind. Es kann wieder Vernünftiges getan werden. Nur mit einem Systemwechsel kann man Arbeitslosigkeit verhindern und die Umwelt und die Ressourcen schonen.

Die Ethikbewegung soll sich auf drei Säulen stützen:

Ethisches Verhalten
Angesichts der steigenden Gesamtbevölkerung und eines kleiner werdenden Lebensraums verursacht durch die Umweltverschmutzung wird ethisches Verhalten in Zukunft umso wichtiger.

Schutz aller Lebewesen und der Umwelt
Schutz der Umwelt, der Pflanzen, Tiere und Menschen und Schutz der endlichen Ressourcen. Volle Gleichberechtigung von Mann und Frau, Schutz des Kindes und der Minderheiten. Die Umwelt muss zukünftig nicht nur besser geschützt werden, sie muss wieder auf eine gesunde Basis gestellt werden. Die Gesetze zum Schutz der Umwelt und der Lebewesen müssen neu geschrieben werden.

Das offene Parteiprogramm
Das Parteiprogramm ist offen für alle dem Gemeinwohl dienenden notwendigen Korrekturen; die Menschen schreiben ihr Parteiprogramm stetig weiter. Die Fibel soll alle paar Jahre den Wünschen und Anforderungen nach geändert, ergänzt und neu verfasst werden. Die

Menschen schreiben sich somit ihre „BABEL", sie brauchen dazu nur mehr den Glauben an sich selbst und müssen das Universum akzeptieren. Wie dieses entstand, ist göttlich, auch ohne die vielen unterschiedlichen Religionen.

Staaten und Regierungen

Situation: Der Nationalrat, der Bundesrat, die Landtage und die Gemeinden bilden derzeit das politische System in unserem Staat, ähnlich ist es auch in den anderen Ländern Europas. In einem vereinten Europa wären die vielen politischen Ebenen nicht wirklich notwendig, sie verhindern oft rasche Reaktionen auf kommende globale Herausforderungen.

Die Vorbereitung auf die „Vereinigten Staaten von Europa" soll vorangetrieben werden, das derzeitige Konglomerat von 28 Staaten mit mehr als 20 Sprachen wird sich nicht halten. Europa würde wieder zerfallen. Sehr unlogisch wäre es, die Staatsformen mit ihren Regierungen und Verwaltungen so zu erhalten, eine sinnvolle, einheitliche Gesetzgebung wäre mit diesen vielen autonomen Einzelstaaten auf lange Sicht nicht durchführbar.

EtP Europa: Eine Europaregierung soll durch den Zusammenschluss der nationalen Regierungen geschaffen werden. Sie arbeitet sparsam und zweckmäßig. Die aus den Regionen gewählte Vertretung der Bürger für den Nationalen Europarat trägt und gestaltet das politische Wirken für ganz Europa. Aus Gründen der Handlungsfähigkeit müssen die Europaregierung und die Mitgliederzahl des Nationalen Europarats klein bleiben. Aus dem Staatenbund Europa wird eine durchschnittliche Bevölkerungszahl ermittelt. Die Besetzung des Europäischen Parlamentes – nationale Europaräte und EU-Regierungsmitglieder aus den einzelnen Staaten – folgt einer Zweidrittelsteigung über und unterhalb der durchschnittlichen Bevölkerungszahl. Damit wird erreicht, dass die größeren Staaten und bevölkerungsreichen Regionen nicht eine proportionale Übermacht erhalten. Diese Gewichtung kommt den kleinen Staaten und dünner besiedelten Regionen zugute, was aus Sicht der Interessenansprüche gerecht ist. Später, im vereinten Europa, sollen abseits gelegene Regionen nicht völlig den Ballungszentren in der Verteilung unterlegen und benachteiligt sein.

Die Obergrenze im Europäischen Parlament sollte dreimal die Staatenzahl der EU-Regierungsmitglieder und 20-Mal die Staatenzahl der Nationalrats- (Europarats-)Mitglieder sein. Gewählt wird alle vier Jahre, wobei im Zweijahresrhythmus mittels einer Abstimmung befunden wird, ob die Europaregierung in ihrer eingeschlagenen Richtung weiterarbeiten soll. Bei 50 % Zustimmung der abgegebenen Stimmen bleibt die Europaregierung im Amt. Bei unter 50 % wird neu gewählt. Nach dem vierten Jahr muss immer neu gewählt werden, auch dann, wenn schon nach zwei Jahren neu gewählt wurde. In diese Europaregierung kommen zu ihren entsprechenden Anteilen alle Parteien, welche über 5 % der Stimmen erreicht haben, damit möglichst alle Interessen bei der Gesetzgebung abgedeckt und vertreten sind und damit freie Mehrheiten ohne Bündniszwang gefunden werden können.

Die neue Berechnungsform der Zusammensetzung der Regierungsmitglieder und des Nationalrats der Regionen (aus den heutigen Landtagen entstehend) wird auch dann von der neuen Bewegung EtP Europa für Österreich getragen, wenn es noch keine einheitliche Europaregierung aller EU-Staaten gibt. Für Österreich – für die Regionen mit einer Zweidrittelsteigung gewichtet – sind zwölf Regierungsmitglieder (derzeit 16) und 67 Nationalräte (derzeit 183) ausreichend. Mit entsprechender Mehrheit soll dieser „Nationalrat aus den Regionen" umgesetzt werden können, die Landesregierungen lösen sich damit auf.

Mit dem Ende der Nationalstaaten kommen wir einem „Europa der Regionen" näher. Ein „(Europa-) Nationalrat aus den Regionen", welcher sich aus den heutigen Bundesländerregierungen der einzelnen Staaten entwickelt, soll alle bisherigen politischen Strukturen ablösen. Nur sozial denkende Vertreter werden in der Europaregierung ihren Platz finden. Ein unabhängiger, philosophischer Weisenrat unterstützt die Regierungsmitglieder in ihrer Arbeit. Er steht in Opposition zum Nationalen Europarat, zur EU-Regierung, damit die Bevölkerung wertneutral informiert werden kann und damit sie ihre Regierungsmitglieder womöglich nach zwei Jahren mit einer Abstimmung abwählen und mit neuen Personen ersetzen kann.

Verwaltungen

In den einzelnen Staaten und Ländern sind die Verwaltungen in unterschiedlicher Form und Gestalt gewachsen. Diese unterschiedlichen Verwaltungsformen sind in einem gemeinsamen Europa nicht sinnvoll. Regionen mit einer einfachen Verwaltung haben Vorteile. Jene Länder, auch Österreich, mit üppigen Verwaltungseinrichtungen (Kammern und Bündnissen) und regionalen Strukturen (Landtage und Gemeinden) müssen Reformen umsetzen.

Die Bürger der Staaten Europas wählen in ihrem Staat aus den Regionen heraus ihre Vertreter. Diese Vertreter sitzen als Nationalrat im Europarat. Politik wird somit in den Zentralen der Europäischen Union gemacht. Dieser im Europarat sitzende Bundesländerrat (mit Doppelfunktion, und zwar der des Nationalrates und der des Europarates) der einzelnen Staaten ist für die Umsetzung der gemeinsamen Europapolitik im jeweiligen Staat verantwortlich. Die praktische Durchführung in den Staaten und Regionen obliegt den nationalen Verwaltungsbeamten ohne politisches Mandat. Verbesserungen für die Zukunft können unter Berücksichtigung der entsprechenden EU-Rahmenbedingungen in einem Staat eingeführt werden. Stellt sich die gemeinsame EU-Gesetzgebung später einmal diesen nationalen Beschlüssen entgegen, müssen die nationalen Gesetze von den EU-Gesetzen abgelöst werden. Nach der Grundregel „Gleiches Recht für alle" müssen die Landesgesetze abgeschafft und in Bundesgesetze integriert werden, mit der

Auflösung der Landtage erledigt sich das von selbst. Die Bundesgesetze richten sich nach den EU-Gesetzen.

Um die Wettbewerbssituation in Europa unter den Staaten einigermaßen gleichzustellen, müssen die Verwaltungseinheiten vereinheitlicht werden. Mit Ende der Nationalstaatlichkeit wäre das auch real möglich. Für Österreich wäre die Abschaffung der Landtage ein erster Schritt. Der Nationalrat besteht dann aus den Vertretern der Bundesländer (Regionen).

Kontrollorgane, Kontrollinstanzen

Kontrollinstanzen unterstehen der wirtschaftlichen und politischen Macht. Sie werden in ihren Aufgaben sehr stark behindert. Das ist untragbar.

Die obersten kontrollierenden Instanzen sind der EU-Rechnungshof und der jeweilige staatliche Rechnungshof. Alle Ungereimtheiten müssen veröffentlicht und ausgeräumt werden. In die Prüfagenden des Rechnungshofes fallen alle Einheiten eines Staates (Ressorts und deren nachrangige Dienststellen, Unternehmen, Verbände usw.), welche mit öffentlichen Mitteln wirtschaften, und alle anderen, welche aus ihrem geschäftlichen Tun teilweise der Gesellschaft verpflichtet sind. Das sind auch alle Banken und Versicherungen und alle staatstragenden Unternehmungen. Im Konkursfall eines großen Unternehmens liegt die Prüfungshoheit immer beim Rechnungshof. Dieser kann sich einer Vorprüfung anderer Prüfgesellschaften bedienen, jedoch ist er vollkommen unabhängig in seinen Ausführungen. Dem Rechnungshof obliegt die Vergabe von Prüfungen und Revisionen. Die Verantwortung der Ausführungen und der Veröffentlichung des Prüfberichts gebührt ausschließlich ihm. Es besteht Berichtspflicht gegenüber der Öffentlichkeit.

Die Kontrollstellen müssen immer frei und unabhängig agieren können, die Instanzen müssen wieder autonome Einrichtungen werden und dürfen sich keiner politischen oder wirtschaftlichen Macht beugen oder ihr mit „gewünschten" Gutachten entgegenkommen.

Staatsdiener

Viele Menschen in Verwaltungseinheiten stehen unter der Schirmherrschaft der Pragmatisierung. Sie sollen damit gegen Bestechung und Beeinflussbarkeit weitgehend immun sein. In diesem Segment der Volkswirtschaft gelten andere Maßstäbe als in der freien Wirtschaft. Die Unterschiede zwischen der Beamtenschaft und anderen Gruppen der Volkswirtschaft sind etwas unfair; beide Gruppen genießen unterschiedliche Privilegien, haben untereinander aber auch Benachteiligungen.

„Beamte" sind nur mehr die Verwaltungsorgane, welche die gemeinsame europäische Politik in den Regionen umsetzen, und für die innere Sicherheit zuständige Personen. Lehrer oder andere Gruppen, welche unter einer höheren Sorgfaltspflicht ihren Dienst verrichten müssen, aber nicht der inneren Sicherheit dienen, werden nicht mehr pragmatisiert, sind also keine Staatsdiener mehr. Im Beamtenstatus verbleiben noch die Bereiche der oberen Verwaltungs- und Justizorgane sowie die Staatsanwälte, der Rechnungshof, die Richter und Teile der Finanzverwaltung.

Interessenorganisationen

Die Kammern und Bündnisse stehen politischen Parteien aus ihrer Historie heraus sehr nahe. Durch diese politische Verflechtung können sie oft nicht vernünftig arbeiten und nicht alles, was den Menschen guttäte, vertreten. Die Zugehörigkeit zu solchen Berufsorganisationen birgt große Abhängigkeiten in sich. Schließt man sich ihnen nicht an, wird man von der Mitgestaltung der Gesellschaft vollkommen ausgeschlossen.

Diese Organisationen arbeiten zukünftig ohne Zwangsmitgliedschaft und sie sollen zukunftsweisende Visionen entwickeln, um das Zusammenleben ohne Kriege, Hass und Leid zu ermöglichen. Gute Beiträge aus ihren Reihen und von Bürgern werden veröffentlicht und jedem zugänglich gemacht. Neue gute Ideen müssen angenommen und umgesetzt werden und dürfen nicht verhindert werden, auch wenn dadurch Produkte und Dienstleistungen verschwinden. Das tut der Umwelt und dem Menschen ja nur gut.

Durch die Möglichkeit, dass die Menschen direkt an ihrer Zukunft durch das neue Parteiprogramm mitbestimmen können, werden die heutigen Kammern und Bündnisse in der jetzigen Form nicht mehr gebraucht werden.

Die Bürgerkarte

Es gibt eine Unzahl von Formularen, die bei jeder Gelegenheit ausgefüllt werden müssen. Man denke an alle Ämter, an alle Bildungsstätten, an die Formulare im Gesundheitswesen – überall müssen dieselben Angaben zur Person gemacht werden. Die Technik bietet schon lange bessere Möglichkeiten.

Für die Registrierung wird eine Bürgerkarte eingeführt. Sie ist mit Informationen und multifunktionalen Optionen ausgestattet. Alle persönlichen Daten werden am Bürgerkonto im Bundesrechenzentrum (BRZ) geführt. Codes verhindern eine missbräuchliche Verwendung. Einfache Formulardaten sind auf der Karte gespeichert, spezielle Daten werden vom Bürgerkonto bedarfsgerecht eingelesen. Das Konto ist in mehrere Rubriken unterteilt. Eine Rubrik enthält zum Abgleich der Karte die allgemeinen Daten einer Person, die anderen Rubriken enthalten spezielle Daten, welche nur den berechtigten Ämtern oder Institutionen über andere Codes der Bürgerkarte zugänglich gemacht werden.

Der Datenschutz darf hierzu – speziell hier in Österreich – nicht übertrieben werden. Das würde effizientes Arbeiten verhindern, und schützt nur die Misswirtschaft.

In Zukunft soll Technik unser alltägliches Leben leichter machen. Auch wenn damit der Bedarf an Arbeit sinkt und dadurch Tausende vorübergehend arbeitslos werden, soll man sich dem nicht verschließen. Die verbleibende Arbeit wird dann neu aufgeteilt, damit es keine Arbeitslosigkeit gibt.

Bürger- und Unternehmenskonto

Durch das Zusammenschmelzen von Europa entstehen ein sehr großer Arbeitsmarkt und auch ein großer undurchschaubarer Raum für betrügerische Tätigkeiten, Schwarzarbeit, Sozialbetrügereien, Geldfälschungen usw. Mit diesen betrügerischen Transaktionen werden Unmengen an Umsätzen und Einkommen nicht versteuert, entsprechend fehlen die Mittel für Staatsaufgaben und für soziale Zwecke.

Für die Abwicklung aller entgeltlichen Transaktionen und Geldbewegungen wird weltweit nur ein Konto für Bürger und Unternehmen direkt beim Finanzamt eingerichtet. Das Konto hat Brutto- und Nettozeilen. Die Lebenstransaktionen werden vom Nettokonto ausgeführt. Auch wenn kleine Schenkungen an nahe Angehörige oder Freunde gemacht werden ist das mit Codes darstellbar, damit diese Schenkungen dann nicht besteuert werden. Die Verwaltung und Verwahrung des Nettoüberhanges (der endbesteuerten Beträge) erfolgt in der Bundesfinanzierungsanstalt (ÖBFA; Staatsbank).

Unser Sozialsystem erfordert eine Steuerleistung von jedem Bürger und Unternehmen. Durch die „Ein-Bankkonto-Politik" – jeder hat weltweit nur ein Konto beim Finanzministerium im Bundesrechenzentrum in seinem Heimatstaat, wo auch die Steuern zu entrichten sind – und die „bargeldlose Gesellschaft" – die Zahlungen erfolgen nur mit Karte oder elektronischen Geräten – wäre die Steuereinhebung lückenlos gewährleistet. Die derzeitigen Steuerprüfungen sind ungerecht, weil nicht alle Unternehmen zur gleichen Zeit und mit gleicher Intensität geprüft werden können, mit der „Ein-Bankkonto-Politik" wäre das EDV-technisch Großteils möglich. Die Kontoführungsabgaben richten sich ausschließlich nach der Höhe der Verwaltungskosten und dürfen keine Gewinne (Zinsen) ausweisen die dann Begünstigten (z.B. der Hochfinanz) zufallen. Die Sorge, dass dann eventuell Waren gegen Waren (Leistungen) getauscht würden, ist unbegründet und vor allem vernachlässigbar.

Bargeldloser Leistungsverkehr

Durch das Zahlungsmittel Geld können sogenannte schwarze Geldtransaktionen auch ohne Steuerabgaben durchgeführt werden. Die Technik macht es möglich, auch das Zahlungsmittel Geld abzuschaffen und den betrieblichen Leistungsaustausch sowie den privaten Leistungstransfer mittels Buchungen über das beschriebene Bürger- oder Unternehmenskonto abzuwickeln.

Das Geld in heutiger Form wird in Zukunft im bargeldlosen Raum Europa durch Buchungsinstrumente abgelöst. Geld aus nichteuropäischen Regionen, in denen das Zahlungsmittel Geld weiter besteht, muss mittels einer Gutschrift auf dem Leistungskonto eingebracht, also abgegeben werden, damit es überhaupt Wert erlangt. Jede Firma und jede Person ist mit dem Wohnsitzfinanzamt und mit dem Bundesrechenzentrum durch eine leistungsstarke Leitung über Handy, PC, Bankomatkarte, Pager usw. elektronisch verbunden. Damit können alle Transaktionen – in Zukunft bargeldlose Kontobewegungen – vom einzelnen Bürger und von jedem Unternehmen erfasst werden. Alle Leistungen werden nur mehr auf Leistungskonten (vormals Geldkonten) verrechnet. Die Bezahlung im Alltag wird mittels der Instrumente elektronisch durchgeführt, was nur mehr Umbuchungen in den entsprechenden Netto- und Bruttozeilen von einem zum anderen Bürger- oder Unternehmenskonto (im BRZ) darstellt. Die Besteuerung erfolgt automatisch im Finanzamt. Ein Jahresausgleich wird nach ergänzenden Erklärungen automatisch abgerechnet und auf dem Nettokonto verbucht. Unternehmen müssen jede (vormals Geld-) Leistungsbuchung über das Finanzamtskonto durchführen, man wird auf diesem Konto weitere Unterkonten – z. B. Bestandskonten laut Bilanz – einrichten. Die Geschäftsabwicklung kann dann mittels exakter elektronischer Kontierung erfolgen, somit werden die Buchungen gleich richtig auf die Unterkonten der Geschäftspartner eingehen. In Zukunft gibt es dann viel weniger Arbeit für die Lohnverrechnung, die Buchhaltung, die Steuerberater und die Finanzprüfung.

Kredite werden durch Minusbuchungen am Leistungskonto eingetragen, über die Jahre kann das Minus (der Kredit) automatisch durch Umbuchungen eines verträglichen Betrages beglichen werden. Das Risiko des Nichteinbringens ist gering, weil jeder Arbeit hat und mit einer Beschäftigung, mit einem Gehalt seinen Lebensunterhalt bestreiten kann.

Die elektronischen Möglichkeiten werden uns in Zukunft noch vieles erleichtern. Der bargeldlose Zahlungsverkehr muss ausgebaut werden. Weil jeder nur mehr ein Konto hat, wird vieles einfacher und sicherer, durch die „Ein-Bankkonto-Politik" wird auch die Kriminalität sehr eingeschränkt, Schwarzgelder gäbe es nicht mehr, „Schwarzarbeit" kann besser aufgespürt, verfolgt und gleich am Konto besteuert werden und wird sozusagen legal. Somit würden auch die Gelder ohne Rechnung, aufs Händchen, wegfallen. Leistungsguthaben sollen bei der ÖBFA, der Bundesfinanzierungsanstalt, geparkt werden, dann bräuchte man auch weniger oder gar keine herkömmlichen Bankkonten mehr und viele dieser schönen, marmornen Räumlichkeiten könnten uns anderweitig zur Verfügung gestellt werden.

Der freie Kapitalverkehr kann aufrecht bleiben, diejenigen, welche ihn über Gebühr und Anstand nützen, müssen mit ihrem Kapital mitgehen, sie müssen sich im neuen Land um eine neue Staatsbürgerschaft bemühen, damit sie dort ihre Sozialleistungen in Anspruch nehmen dürfen.

Sozialer Friede

Derzeit herrscht in Europa noch solidarischer Friede, welcher immer mehr durch Geld hortende Gruppen und rechte Politiker gefährdet ist. Die Globalisierung schreitet stetig voran und immer mehr Menschen fallen unter die Armutsgrenze. Diese Art der Globalisierung ist schädlich, noch weniger tragbar sind jene Institutionen und Personen, welche uns diesen Weg vorgeben wollen.

Größte Priorität hat der soziale Friede. Alle Maßnahmen, die zu diesem Frieden beitragen, müssen umge-

setzt werden. Die Menschen bestimmen die Friedens-
maßnahmen. Jede sinnvolle Idee muss bei entsprechender Beantragung angenommen werden. Ist eine Idee gut,
wird sie philosophisch gewürdigt und in der Sozial-
forschung (z. B. zum Schutz der Minderheiten) aufberei-
tet, wissenschaftlich ausgearbeitet und in eine Abstim-
mungsliste eingetragen, damit über sie per Volksab-
stimmung (Gesellschafts-Voting) über die elektronische
Bürgerkarte abgestimmt werden kann. Die Benachteili-
gung vieler Gruppen, welche wegen unverschuldeter und
ungewollter Arbeitslosigkeit nur einen geringen Lebens-
standard erreichen konnten, wird durch die bessere Verteilung der Güter und des Kapitals aus den Wiedergut-
machungsgeldern (neue Steuerleistungen) der reicheren
Gruppen aufgehoben. Diese werden Humankapital über
Abgaben leisten, wenn sie nicht durch eigene körperliche
oder geistige Leistung zu ihrem überproportionalen
Reichtum gelangt sein können. Durch die große Vereinfa-
chung der Verwaltung unseres Lebens bleibt genügend
Zeit für zukunftsgestaltende Maßnahmen. Vordringlich
ist der Erhalt der Ressourcen für unsere Nachkommen
und die Verbesserung der Umwelt. Sozial ausgerichtete
Gesetze sollen jeden Bürger unterstützen, damit jeder
sein Leben selbst gestalten kann. Keiner wird sich einem
Netzwerk oder einer Lobby mehr unterwerfen müssen.
Damit wird der soziale Friede erhalten bleiben.

Entlohnungspolitik

Die gezahlten Gehälter sind weder gerecht noch be-
gründbar. Die Lohnpolitik schafft menschenverachtende
Diskriminierungen, es fehlt der Leistungsbezug. Managergehälter werden auf äußerst dubiose Weise ohne jegli-
che objektive Leistung begründet. Auch die große Verantwortung der Manager (jeden Tag liefern sie uns hierzu ein schlechtes Beispiel) kann solche Saläre nicht
rechtfertigen. Diejenigen, welche sich ihr Gehalt selbst
gegenseitig genehmigen, greifen immer noch tiefer in die
vom Volk geschaffenen Werte. Die Parteien schaffen sich
ihre Subventionspolitik, sie geben bereitwillig Zuschüsse

für Heizkosten, Schulgeld usw., um damit den Bürger als Wähler an sich zu binden. Das schafft Abhängigkeiten, Bettelei, Fürbitten, das ist schändlich, das ist ein Zustand, der schnellstens geändert werden muss.

Die Ethikbewegung setzt sich für ein gerechtes Einkommen ein, das Entgelt muss durch eine volkswirtschaftliche Leistung begründet sein. Zu Arbeit, Bildung, Können, Begabung, Eignung und Zeit müssen gerechtere Zuwendungen erfolgen. Gehälter und Löhne, welche das Dreifache des durchschnittlichen Nettolohnes (eingerechnet werden alle Gehälter, Löhne und Beihilfen, auch die der Teilzeitbeschäftigten, Arbeitslosen und Sozialhilfeempfänger) übersteigen, werden ab dem dreifachen bis zum vierfachen Durchschnittslohn von 50 bis 100 % progressiv besteuert. Somit wird das Streben nach überhöhten Gehältern vermieden und sinnlos. Der Mindestlohn richtet sich nach einem Warenkorb der täglich gebrauchten Güter und Dienstleistungen zuzüglich der notwendigen „Luxusgüter".

Bestehende Verträge mit üppigen Versorgungsgenüssen, welche sich privilegierte Menschen gegenseitig unterschrieben und genehmigt haben, werden gekündigt. Durch Mehrfachbeschäftigungen werden die Aufgaben sehr vernachlässigt wahrgenommen, dieser entgeltlichen Ämterkumulierung muss man ein wenig entgegenwirken, indem man bei Kumulierungen Ämter ehrenamtlich und unentgeltlich vergibt. Die folgende „Ämterflucht" lässt neue Arbeitsplätze entstehen, sehr zum Vorteil und zum Wohle aller.

Abfindungen für Manager werden mit 100.000 €, auch bei Verträgen mit höheren Entschädigungen, begrenzt. Manager der zweiten und dritten Ebene sollten mit einem Zwei- bis Dreifachen des Nettomindestlohnes auskommen können, damit sie goutieren, dass dieser nicht zu niedrig ist.

Die Entlohnung muss wieder logisch begründet werden können und darf nicht der Willkür unterliegen. Es gibt in Zukunft nur mehr Gehälter mit einem Leistungsbezug. Die Subventionspolitik, die Abhängigkeiten schafft, muss abgeschafft werden. Die Entgeltpolitik muss so gehalten werden, dass jeder sein Leben ohne Zuschüsse (ohne Bittstellen) bestreiten kann.

Staatspension

Während des Wiederaufbaus und der Hochkonjunktur hat sich die Sozialpartnerschaft entwickelt und daraus ist der Generationenvertrag entstanden. Dieser stellt sicher, dass die Erwerbsgesellschaft die Pensionen garantiert. Das ist die beste Form einer Pensionsregelung, weil sie von den Schwankungen des Geldwertes unabhängig ist. Pensionsversicherungen auf Aktienbasis anzusparen, birgt die Gefahr in sich, dass eines Tages die Aktien und somit die Zusatzpensionen wertlos werden. Aufgrund dieser Risiken gab es die Bemühungen um einen Generationenvertrag, wo die Jungen für die Alten sorgen.

Die staatlichen Pensionen haben eine Bandbreite bis zum Vierzigfachen einer Mindestpension, das ist sehr ungerecht.

Eine leistungsgerechte Volkspension soll in der Verfassung festgeschrieben werden. Sie wird nach dem Leistungsbezug der aktiven Zeit berechnet. Die höchste Pension darf das Zweieinhalbfache einer Mindestpension nicht übersteigen, weil Gutverdienende in ihrer aktiven Zeit alle elementaren Güter (Haus, Wohnung, Information, Bildung) beschaffen konnten. Mit diesem regulierenden Faktor können wir uns das System auch finanzieren, man braucht bei Bedarf nur die Basis oder auch den Faktor zu verändern.

Hohe, leistungsfremde Pensionen werden damit eliminiert. Die Mindestpension richtet sich nach einem sozial gerechtfertigten Warenkorb des täglichen Gebrauchs und üblicher gesellschaftlicher Ansprüche. Jeder Mensch hat die Möglichkeit, sich durch privates Ansparen eine bessere Pension zu gönnen.

Bestehende Betriebspensionen, Mehrfachpensionen und andere Zuwendungen gehen in die „Staatspension" auf, sodass sich die staatliche Pension um den Betrag der jeweils bezogenen Betriebspensionen verringert. In Zukunft werden dadurch die Betriebspensionen auslaufen, was wünschenswert ist. In Zeiten der Flexibilität sollten sich Unternehmen nicht mit Vorsorgeleistungen abmühen müssen, jeder soll privat vorsorgen, wenn er das zusätzlich zu seiner „Staatspension" noch wünscht. Die staatliche Pension ist auch gerechter, weil Betriebspensionen zum Großteil nur in geschützten Bereichen gewährt werden, man denke an die Energieversorgungsunternehmen, an alle staats- und landesnahen Betriebe und an die Informationsgesellschaften, wo der Einzelne, auch der Mindestpensionist oder der Arbeitslose, über den Strom- oder Gaspreis die Pensionsansprüche wie auch überhöhte Abfindungen der dort Beschäftigten oder der vorübergehend karenzierten Politiker mitbezahlt. Der freie Jobzugang zu diesen Unternehmen ist nicht gegeben, weil diese Stellen von den dort Beschäftigten an ihre Günstlinge vergeben werden oder für den Wiedereinstieg ehemaliger Politiker in die Wirtschaft freigehalten werden. Ex-Politiker, die in solche Unternehmen eintreten, kommen so in den Genuss der von ihnen beworbenen Betriebspensionsregelungen. Privatfirmen, insbesondere Gewerbetreibende und Kleinbetriebe, kümmern sich nicht um eine Firmenpension ihrer Mitarbeiter. Daher wird eine große Gruppe von Arbeitnehmern erhebliche Nachteile haben, wenn sich das Pensionssystem, wenn auch nur zum Teil, auf die betriebliche Vorsorge stützt und die staatliche Pension dadurch immer weiter abgebaut wird, die Vorsorge durch Betriebspensionen oder andere Modelle aber nur wenigen zuteilwird. Das ist ungerecht. Bestehende Betriebspensionen und ähnliche Versorgungsansprüche müssen in der Volkswirtschaft dienlichen Unternehmen wie Energieversorgungsunternehmen und in allen staats- und landesnahen Betrieben aufgelöst werden, sodass die Strom- und Gaspreise entsprechend gesenkt werden können.

Die bestehenden Pensionsansprüche (ASVG, Beamte, Politiker, andere) sollen demnach sofort und ohne Übergangszeit auf solch eine Staatspension (z.B. derzeitiges Pensionskonto) umgestellt werden. Es wird wenig Aufschrei geben, diejenigen, die bislang weniger bekamen, werden sich der Erhöhung freuen, für einen Großteil bleibt es gleich und jene, die mehr als 2.800 € aus all ihren Ansprüchen – abgesehen von einer direkten privaten Vorsorge – bekamen, haben höhere Bildung genossen und werden die Verminderung ihrer Pensionen aufgrund ihrer geistigen Kapazität hinnehmen. Sie werden sehr froh sein, wenn sie die zu üppig geschöpften Pensionen aus dem Gemeinschaftsvermögen nicht zurückzahlen müssen. Ein schöner Beitrag zum Generationenvertrag.

Alle weiteren Pensionsbegehren müssen über eine private Vorsorge angespart werden, was dem derzeitigen Trend in der Politik sehr entgegenkommt. Mögen uns recht viele mit gutem Beispiel vorangehen! Eine gewisse Scheu, solcherart Privatvorsorge über Fonds und Aktien zu tätigen, lässt sich schon heute bei Politikern beobachten. Es ist gut möglich, dass sie schon jetzt erkennen, dass derzeit diese Fonds in Ansparung sind, jedoch wenn nach Jahrzehnten alle auf einmal ihr erspartes Geld haben wollen, werden diese Fonds – wie bei größeren Aktienverkäufen auch – in ihrem Wert drastisch sinken. Die Spekulanten haben in der Zeit des Ansparens ihr Geld, die Zinsen, ins Trockene gebracht und in Realitäten transformiert, dem Bürger wird sein Superfonds in Richtung Megaschwund mutieren. Weil Aktiengewinne in Realitäten umgewandelt werden, ist es notwendig, diese Realitäten über Steuern wieder ins Volksvermögen zurückzubringen, um nicht in die Abhängigkeit der „Vermieter und Grundbesitzer" zu kommen. Abgezahlte Zinsburgen, Äcker und Wälder werden günstigste von der Gemeinschaft in Gebrauch genommen. Es wird keinen Sinn haben, Realitäten zu horten, auch denen wird nichts „erspart" bleiben.

Es kann nicht sein, dass der Generationenvertrag erst mit dem Ableben der derzeitigen Rentner respektiert und effektiv umgesetzt wird. Die Argumentation, dass von der derzeitigen Generation der Pensionäre Werte geschaffen wurden, die den Jungen jetzt zur Verfügung stehen, was die gegenwärtigen hohen Pensionen rechtfertigen soll, ist nicht zulässig, weil unser Land weiterhin verschuldet ist und die Folgegenerationen diese Schulden tragen müssten. Damit sollen keineswegs die Menschen der Generation beleidigt werden, die im Wiederaufbau die Werte schweißtreibend geschaffen haben und heute selbst von geringen Pensionen leben. Aber es gibt solche, die es sich schon immer bequem eingerichtet, übermäßig abgeschöpft und sich selbst mit fettesten Pensionen bedacht haben, die sie sich untereinander selbst genehmigten. Diese Gruppen trugen vollends zur Verschuldung bei. Sparguthaben und aufgehäufte Realitäten sind Großteils nur bei Privilegierten zu finden, der Abbau der Staatsschulden muss aber von allen getragen werden. Das ist ungerecht und berechtigt zum sofortigen Eingriff in bestehende Verträge, wo Pensionen, Abfindungen und sonstige ungerecht üppige Entnahmen betroffen sind. Ob wir uns am Ende des Weges als „schuldenfrei" ausrufen können, hängt vom Willen und vom Zuspruch der Bürger und von der Größe dieser Bewegung ab. Dann aber ist der Generationenvertrag die einzige Form der Pensionssicherung, weil es keine Zinsen, Aktien und Wertpapiere mehr gibt.

Finanzpolitik, Steuern und Abgaben

Die Finanzpolitik richtet ihre Handlungen momentan nicht zum Wohle aller aus, sondern geht zu sehr auf die Forderungen der Großunternehmen und der Aktionäre ein, das ist untragbar.

Das derzeitige Steuersystem ist in allen Bereichen viel zu kompliziert und unüberschaubar geworden. Nur mehr hoch qualifizierte Finanzer und Steuerberater kennen sich zumindest in einigen dieser Steuervorschriften aus, einen kompletten Überblick über alle Einzelheiten schaffen nicht einmal mehr diese Spezialisten. Die Steuereinhebung ist damit immer komplizierter geworden. Immer mehr Steuerschlupflöcher sind von den Regierungsberatern, den Steuersachverständigen geschaffen worden, um diese Schlupflöcher für ihre Beratungszwecke auszunützen. Das ist ein unerwünschter Zustand und in seiner Logik verwerflich.

Die Finanzpolitik muss in Zukunft ausgewogen sein, sie sorgt immer für einen ausgeglichenen Haushalt, damit zukünftige Generationen nicht unnötig belastet werden. Die Besteuerung soll über das Bürger- und Unternehmenskonto im Finanzamt automatisch erfolgen. Die Durchrechnung der Steuerleistung soll sich über einen Lebensabschnitt von 10 bis 20 Jahren erstrecken, damit sich Einkommensschwankungen besser glätten und die Besteuerung gerechter sein kann. Insbesondere Künstler, also Personen mit unregelmäßigen Einkunften, sollen hiermit eine gerechtere Steuerpolitik erfahren dürfen. Demnach kann es sein, dass in schlechten Zeiten Steuergutschriften ausbezahlt werden, wenn in guten Jahren zu viel abgeführt wurde.

Die Unternehmen sollen über den Durchschnitt einer mehrjährigen Ein- und Auszahlungsrechnung, somit über das durchschnittliche Ergebnis der Zahlungsströme und nicht nur mehr aufgrund der herkömmlichen Gewinn- und Verlustrechnung über das Unternehmenskonto, direkt beim Finanzamt besteuert werden. Dadurch wird eine größere Abschlusssicherheit erreicht, mehr Transparenz geboten und Bewertungsspielräume werden weitgehend abgeschafft. Im Detail: Die herkömmlichen Abschlüsse mit Bilanzen, Gewinn- und Verlustrechnungen und den Cashflow-Statements müssen um eine direkte Geldflussrechnung mit Bankanfangs- und Bankendbeständen (Bankenspiegel; gibt in Zukunft den Stand des jeweiligen Betriebsleistungskontos an) sowie allen dazwischenliegenden Finanzmaßnahmen erweitert werden. Eine „erweiterte Zahlungsstromergebnisrechnung" muss aus dieser direkten Geldflussrechnung abgeleitet werden. Aperiodische Ein- und Auszahlungen (z. B. Investitionen und Anzahlungen) dürfen nur als Anteil eingerechnet werden. Das Jahresergebnis errechnet sich aus dem Durchschnitt der vorangegangenen Jahre und dem laufenden Jahr. Bei der Gründung einer Firma wird nur das erste Jahr berechnet, eine Glättung erfolgt rückwirkend in den folgenden Jahren. Eine Bewertung der Bestände und die Bildung von Rückstellungen und Wertberichtigungen sind somit nicht mehr notwendig. Betrügereien müssen rigoros bekämpft werden, alle Bürger und Unternehmen leisten Steuern. Jeder und jedes Unternehmen muss die Geschäftsgebarung lückenlos über die Konten beim Finanzamt abwickeln, um auch Verwaltungen (das will ja die Wirtschaft) und Prüfungen zu vereinfachen.

Derzeit liegt die mögliche Lebenssparleistung bei einer Leistungsentlohnung (mit einem Stundensatz von 30 €) bei ca. 0,5 bis 0,8 Mio. €. Alle Vermögen über diesen Wert können höher besteuert werden. Ab dem doppelten bis dreifachen Wert werden bis zu 100 % versteuert, d. h., unrechtmäßig zugeflossenes Vermögen wird durch Steuern ins Volksvermögen zurückgebracht.

Diese Nichtleistungsbesteuerung (Steuersatz 100 %) ermöglicht eine geringere Besteuerung der Leistungsentlohnung (max. 80.000 €/Jahr) und des Leistungsvermögens (max. 1,5 Mio. €/Person) und wirkt sich unmittelbar äußerst positiv auf die Umwelt aus.

Wirtschaftspolitik

Die Wirtschaftspolitik nimmt zu wenig Rücksicht auf unsere Umwelt. Sie nimmt keine Rücksicht auf eine gerechte Verteilung des von uns allen geschaffenen Wohlstandes. Die Mehrwerte werden der Hochfinanz und ihren Nachkommen zugearbeitet und sie liegen dort für Generationen zu deren alleinigem Verzehr brach. Es ist ungerecht, dass sich diese Gruppen über die Wirtschaftsleistung eines Volkes bereichern. Für einen Wirtschaftsaufschwung werden immer mehr unnötige Güter (Müllgüter) und Dienstleistungen (in Neppstationen) erzeugt bzw. angeboten, und mit Werbung werden uns deren Notwendigkeiten suggeriert, damit werden aber Rohstoffe vergeudet und die Umwelt wird belastet.

Das operative Wirtschaften verlor immer mehr an Bedeutung. Mit dem Jahresabschluss war und ist die kaufmännische Arbeit oft getan, urplötzlich aber steht man vor „überraschenden" Firmenzusammenbrüchen, auch hinter Firmenzusammenschlüssen verbergen sich nicht selten abgewendete Katastrophen. Prüfer erhalten oft nur dann den Prüfungsauftrag, wenn sie eine „richtige Bilanz" schreiben, für unsere wirtschaftliche und gesellschaftliche Zukunft sind diese Lügen schädlich.

Politiker kamen oft nur deswegen in ihrer Funktion als Eigentümervertreter in Bedrängnis und in die Abhängigkeit von ihren Beratern, weil die Gesetze fiktive Bewertungen und Darstellungen der Unternehmensgebarung zulassen. Ist man einmal in diesem Bewertungssumpf, braucht man Jahr für Jahr einen guten, teuren Berater, um sich in diesem Morast fortzubewegen. Der Krug jedoch geht so lange zum Brunnen, bis er bricht, danach gibt es sinnlose Rücktritte von an sich guten Politikern. Um das zu vermeiden, sollten wir alle um eine zuverlässige Darstellung des Geschäftsverlaufes bemüht sein. Es soll dem Gesetz nach möglich werden, diejenigen, die absichtlich täuschen, von ihrem Sessel weg zur Verantwortung zu ziehen, um diese scheinheiligen Ausreden des „legalen wirtschaftlichen Scheiterns" einzudämmen.

Jedes Unternehmen kann in Schwierigkeiten geraten. Die derzeitige Rechtslage erkennt ein Scheitern aus wirtschaftlichen Gründen an, was an sich sinnvoll ist. Diese Idee wird allerdings missbraucht. Es gibt viele Fälle von vorsätzlichem Scheitern, in denen das Privatvermögen (oft der Kinder und Ehefrauen) steigt und die Firma mutwillig in Konkurs getrieben wird. Die Hausbanken, auch die Finanzverwaltung, gewähren aufgrund ihrer eigenen Unvorsichtigkeit oder wegen persönlicher Vorteile für Manager oder Beamte dem Unternehmer einen „stillen Ausgleich", einen Steuernachlass. Es ist unfair, wenn immer die Allgemeinheit für diese Wertberichtigungen aufkommen muss, die Bosse aber zuvor mit Gewinnausschüttungen dem Unternehmen viel Geld unrechtmäßig entzogen haben.

Eine Finanztragödie wie die eines italienischen Großkonzerns, wo der Eigentümer allein als Bösewicht

vorgeschoben wurde, ist in einer „bargeldlosen Gesellschaft" mit der „Ein-Bankkonto-Politik" sicher nicht
mehr so leicht möglich. Wahr ist, dass ein Sünder allein
eine Summe von 14 Mrd. (!) € nicht veruntreuen kann.
Von einer Mitschuld anderer hört man wenig. Niemand
soll aber glauben, dass wir nicht durchschauen, was hier
läuft, denn das Geld wird wohl einer bestimmten Gruppe
zugeflossen sein.

Sehr zum Unverständnis schüttet eine Bank oder
Versicherung an ihre „Eigentümer" Gewinne aus. Eine
Bank entstand aus dem Grund, dass Güter nicht mehr
gegen Güter und Dienstleistungen getauscht werden
mussten, indem als „Zwischenhandel" Geld eingesetzt
wurde. Geld dient uns als Mittel des Leistungs- und Wa-
rentausches. Warum geben Banken und Versicherungen
ihre „Zwischengewinne" nicht wieder zurück in Form von
besseren Kredit- oder Sparkonditionen oder niedrigeren
Prämien? Wer sind diese „Eigentümer" und Nutznießer,
die ohne Beitrag eigener Leistung zweistellige Renditen
von unser (!) aller Gelder erhalten und dafür Mitarbeiter
kündigen, Sparzinsen fallen und Kreditzinsen steigen
lassen, um diese zweistelligen Renditen schöpfen zu können, wer sind sie? Schon deshalb müssen die Zinsen,
Aktien und Wertpapiere abgeschafft werden.

Sozial ausgerichtete Institutionen (Caritas, Hilfsor-
ganisationen, Sozialinstitute) kämpfen oft aussichtslos
um notwendige Mittel. Es ist eine Schande, wie Millionen
von Menschen in der Dritten Welt vor sich hinvegetieren,
in unvorstellbarem Leid. Diese Regionen wurden über
Jahrhunderte beraubt, beraubt für unseren Wohlstand,
von den Mächtigen in ihrem eigenen Land.

Selbstständige, Land- und Forstwirte, Freiberufliche,
Gewerbetreibende usw. müssen im Hinblick auf die technischen Möglichkeiten der Steuereinbringung mit den
Unselbstständigen gleichgestellt werden. Mit einer „Ein-
Bankkonto-Politik" und dem „bargeldlosen Leistungsver-
kehr" wäre dies leicht umzusetzen. Bis zum Ende hin
durchgedacht, könnten viele Reformen mit ihren schier
unerschöpflichen Möglichkeiten eingeleitet werden und

viele offene Fragen der dubiosen Parteienfinanzierungen könnten damit beantwortet werden.

Mit gut ausgeklügelten Prüfroutinen kann das Finanzamt direkt beim Unternehmens- und Bürgerkonto aufsetzen und alle nur erdenklichen Quervergleiche (weltweit) anstellen. Das Bank- und Steuergeheimnis wird in Abstimmung gebracht und, wenn es gewünscht wird, abgeschafft, weil es nur jenen nützt, die etwas zu verbergen haben. Der uns aufgedrückte „Schutz des kleinen Sparers, des Bürgers" ist eine Täuschung, wir wissen es und durchschauen die wahren Absichten unserer Herrschaft.

Erwirtschaftetes Vermögen steht allen in gerechten Teilen zu. Ich denke, dass auch andere Parteien diese faire Grundhaltung gutheißen, schließlich gibt es nichts Christlicheres, als ehrlich die Steuern zu zahlen und ehrlich zu wirtschaften, damit die Nächstenliebe den Bedürftigen auch finanziell zuteil werden kann.

Alle erzeugten Güter und erbrachten Dienstleistungen müssen auf ihre Notwendigkeit hin geprüft und bei größerem Grundstoffverbrauch auch bewilligt werden. Güter oder Dienstleistungen, welche ausschließlich nur der Belustigung dienen, großen unnötigen Ressourcenverzehr haben und für den Einzelnen erhebliche Nachteile bringen sowie gesundheitsschädigend sein könnten (z. B. übergroße Personenkraftwagen, unnötiger Gütertransport, Spielhöllen), werden nicht mehr erlaubt.

Durch Transparenz und das Offenlegen der operativen Ergebnisse wird die Unternehmenskultur nach innen und außen erheblich verbessert. Unternehmen müssen gegen Insolvenz versichert werden. Verluste dürfen die Versicherungssumme nicht überschreiten, reine Verlustbeteiligungen zur Steueroptimierung dürfen nicht eingegangen werden. Insolvenzen sind mit allen erdenklichen Mitteln abzuwenden. Die Unternehmen werden von der Belegschaft geführt, sie bestimmt die wirtschaftliche Ausrichtung. Bei Aufgabe des Unternehmens müssen die Schulden beglichen werden. Manager eines Unternehmens sind keine Kriminellen, oft verleiten selbst aufer-

legte gesellschaftliche Zwänge zu dubiosen Verhaltens-
weisen, was wiederum auf eine Art Prostitution hinweist,
die wir keinesfalls als notwendig erachten.

Es geht um die Zurückdrängung aller größeren
Dummheiten der Menschheit. Die Menschen sollen Sinn-
volles tun. Sie sollen nicht durch „Brot und Spiele" bei
Laune gehalten werden. Sie sollen wissen, was sie wert
sind, und ihren Wert auch einfordern. Es müssen Wirt-
schaftssysteme entstehen, in denen auch während einer
Rezession die Menschen gerecht und würdig leben können. Gezielte Rezessionen, das Zurückfahren der Produktionen zum Erhalt der Ressourcen und zum Schutze der
Umwelt, müssen in Zukunft stattfinden, mit einhergehen
müssen die Arbeits- und die Wohlstandsumverteilung.

Arbeitsmarkt

Die Zahl der Arbeitslosen ist sehr hoch, und die
elektronischen Möglichkeiten, der technische Fortschritt
und die Umweltsituation werden noch Millionen von
Arbeitsplätzen vernichten. Die Arbeitslosigkeit wird bei
einer herkömmlichen Wirtschaftspolitik enorm steigen:
Das sind dann die Grenzen des Neoliberalismus, der
freien Marktwirtschaft. Arbeitslosigkeit, Umweltverschmutzung und Armut werden immer nur mit guter
Politik bekämpft werden können. Sollten wir es schaffen,
diese Ethik politisch umzusetzen, haben wir eine schöne
Zukunft. Schaffen wir diesen Übergang, diese Umverteilung nicht, gibt es fürchterliche Kriege und Gehässigkei-
ten.

Die Arbeitslosigkeit wird ideologisch missbraucht.
Hohe Arbeitslosigkeit treibt viele in Interessenvertretun-
gen, sogenannte Netzwerke. Sie bindet die Menschen im
Glauben an Hilfestellung an Institutionen, welche dann
aus deren Mitgliedsbeiträgen ihr eigenes Überleben sichern. Die Arbeitslosen werden von einer Schulung zur
anderen motiviert, gedient ist ihnen damit nicht. Aus
dieser ausweglosen Situation entstehen die Ich-
Gesellschaften, viele Menschen werden zu Tagelöhnern.
Die Manager und die mächtigen Gruppen wissen sehr

genau, dass das derzeitige System mit einer hohen Arbeitslosenquote besser für ihre Aktiengewinne ist, weil Arbeitslose nur ein Minimum an Vergütung bekommen. Im Falle einer Arbeitsverteilung auf alle Menschen müssen sie dann in Summe mehr an Gehältern zahlen, als die Arbeitslosen das System kosten. Auch die Maschinensteuer oder die Grundsicherung richten sich nach dem Minimum der Arbeitslosenkosten. Aktionäre und Wirtschaftsbosse wollen zur Sicherung ihrer Gewinne und ihrer Macht gezielt diese hohe Arbeitslosigkeit halten, jedoch nur so weit, dass nicht die Gefahr eines Volkssturmes aufkommt. Mit einer Aufklärung der Menschen über diese Machenschaften könnte ein solcher aber jederzeit losbrechen, denn nicht nur ein Arbeitsloser kann logisch begründet werden, die Arbeitslosen ertragen mit ihrem geringen Einkommen das Leid für die hohen Gewinne der Mächtigen. Die Wirtschaftstreibenden sind heute mit ihrem System nicht in der Lage, genügend Vierzigstundenarbeitsplätze für alle bereitzustellen, somit ist die Arbeitslosigkeit eines Menschen ein ungerechtes Schicksal. Es kann auch nicht jeder Bürger Unternehmer werden.

Jeder muss eine entsprechende Arbeit haben dürfen, wenn er arbeiten will. Solche, die können, sich aber nicht einbringen wollen, müssen dazu angehalten werden. Solche, die wollen, sich aber nicht einbringen können, müssen vom Sozialsystem aufgefangen werden. Alle Menschen wollen einen Beitrag für die Gesellschaft leisten, sie wollen gebraucht werden. Dazu muss die Arbeitsmarktpolitik gesetzlich geregelt werden, indem jeder ein Recht auf eine entsprechende Arbeit hat, d. h., die vorhandene Arbeit muss umverteilt und die Arbeitszeit immer wieder neu angepasst werden. Finanziell ist so ein System leistbar. Rechnet man zu den Kosten für die Arbeitslosen alle Gewinne hinzu und würden die Managergehälter einen Leistungsbezug haben, also um vieles geringer sein, und versteuerte man die Gehälter ab dem Vierfachen des Durchschnittslohns zu 100 %, so könnte man problemlos allen Menschen Arbeit mit einem Vollerwerbslohn geben. Die Fleißigen, die „Stützen der Gesellschaft", wie sie sich gerne selbst sehen, müssen erkennen, dass es Tausende gleich gute Fleißige gibt, hätten sie nur ihre Position oder Arbeit. Sie dürfen ohne Angst und Scheu den anderen den zweiten halben Tag arbeiten lassen, er wird seine Sache ebenfalls bestens tun, wenn nicht noch besser als sie selbst. Auch der neben dir hat das Recht auf Wohlstand. Anderenfalls wäre es nur gerecht, wenn man diejenigen, die keine Arbeit haben und somit vom Wohlstand ausgesperrt sind, die Möglichkeit gäbe, sich einen Platz zu erkämpfen, um an der Verteilung teilzuhaben. Wollen wir das Gemetzel?

Gesundheitswesen

Jede gesellschaftliche Gruppe leistet sich eine eigene Krankenkasse mit eigenem Rechenzentrum, um aus ihrem sozialen Status heraus bessere Leistungen zu beziehen. Diese vielen Kassen sind in ihrer Verwaltung sehr teuer.

Um Verwaltungskosten zu sparen, werden alle Krankenkassen zu einer Kasse und einem Rechenzentrum zusammengeführt. Es könnte sogar die komplette Leistungsabrechnung und Finanzierung über das Finanzamt erfolgen. Gleiche Leistungen für alle. Der Beitrag zum Gesundheitssystem richtet sich nach dem jeweiligen Jahresverdienst. Unternehmenssteuern tragen ebenfalls zur Finanzierung bei. Sollten sich einige zusätzliche Luxusleistungen (Einzelzimmer, nicht jedoch die medizinische Versorgung, sie ist für alle gleich) wünschen, müssen diese aus den privaten Versicherungen bezahlt werden.

Es darf keine Klassen im Gesundheitssystem geben. Die frei werdenden Gelder aus der Zusammenführung der Kassen stehen für Gesundheitsleistungen und für Leistungen der Altenbetreuung zur Verfügung. Niemand darf zur privaten Eigenvorsorge gezwungen werden.

Die Ernährung und die Lebensmittelproduktion müssen völlig neu durchdacht werden. Die Umstellung auf Pflanzennahrung muss forciert werden, haben doch

Pflanzen eine viel höhere Effizienz, die Lichtenergie der Sonne durch Fotosynthese in pflanzliche Energie (essbare Energie für die Tiere und Menschen) umzuwandeln. Tiere, welche pflanzliche Nahrung aufnehmen, transformieren die Lichtenergie, die in den Pflanzen gespeichert ist, durch einen fotosyntheseähnlichen Vorgang im Dünndarm in ihre Körperenergie, Lichtenergie wird sozusagen zweimal transformiert, das erste Mal in der Pflanze, das zweite Mal im Tier. Durch diese zweimalige Transformation ist Tiernahrung ungesünder als Pflanzennahrung.

Medien

Medien stehen unter einem politischen und wirtschaftlichen Einfluss. Wichtige Berichte werden nicht zur optimalen Zeit an die größtmögliche Zuseherzahl gesendet. Das ist untragbar – es verhindert Aufklärung und Informationsvermittlung. Viele Medien werden mit einer Förderung am Leben erhalten, sie werden dadurch politisch abhängig und manipulierbar. Die leitenden Angestellten in diesen Mediengesellschaften beziehen oft eine Zusatzpension oder andere Versorgungsgenüsse, was sie noch weiter in die Abhängigkeit treibt. Wir nehmen wahr, wenn Medien lobbyistisch manipulierte Berichte bringen. Man denke an jene Sendungen, wo nur in der Nacht offen über politische Vorgänge berichtet, am Tage „abgeschwächt" oder gar nicht informiert wird. Die laufende Berichterstattung über die einflussreiche Kaste ist fast schon unerträglich. Wir müssen ohne Vorbehalte die Wahrheit über diese Zeiten erfahren dürfen, wenngleich das nicht einfach ist. Oft wird allein zum Machterhalt der Mächtigen der Bürger bewusst in die Irre geführt.

Alle Medien werden in Zukunft eine größere Aufgabe und Verpflichtung wahrnehmen müssen, als sie es derzeit tun, sie werden unabhängige Beiträge zum Wohle aller leisten. Themen, die den Vorteilen einer mächtigen Klientel dienen, sind zu ignorieren. Wir dürfen nicht durch die Androhung unpopulärer Maßnahmen verunsichert werden, wenn es solcher (noch) nicht bedarf. Wenn Berichte über eine schlechte Wirtschaftslage, über

Schuldenprobleme der Kommunen gesendet werden, soll man auch über die Ursachen (sei es Vergeudung des Volksvermögens oder viel zu gierig kassierte Versorgungsgenüsse genusssüchtiger Personen, überhöhte Zins- und Aktiengewinne der Geldgeber) berichten. Wichtig ist, dass uns alle Handlungen, die kriminell fahrlässig mit unserer Zukunft umgehen, vermittelt werden, und dass wir uns endlich darauf sensibilisieren, unser Verhalten zum Guten auszurichten, und dass jeder ein anständiges Verhalten von jedem erwarten und einfordern kann. Alle von öffentlicher Hand geförderten Unternehmen sind Non-Profit-Unternehmen und dürfen in ihrer Gebarung keine Unternehmenspensionen oder andere Versorgungsgenüsse aufweisen.

Die Medien sind in ihrer Berichterstattung frei, sie berichten ohne Verhetzung objektiv und schonungslos. Neuen Parteien werden kostengünstig ebenso lange Sendezeiten und die gleichen Seitenzahlen in Printmedien wie den Altparteien gewährt. Medien dürfen keine Partei bevorzugen oder willkürlich nachteilig über Institutionen und Parteien berichten, sie müssen neutral sein. Geförderte Medien haben ausschließlich einen Informations- und Bildungsauftrag, sie unterliegen dem Mediengesetz.

Gemeinsame Sprache

28 Staaten gehören derzeit zur Europäischen Union. In diesen Staaten werden mehr als 20 Sprachen gesprochen. Durch die schwierige Verständigung untereinander wird geistiges Potenzial nicht sinnvoll eingesetzt, die Übersetzungen rauben Kapazitäten, welche woanders viel besser gebraucht werden könnten. Oft dient die Sprache als nationalistisches Werkzeug, und das ist für die Zukunft der Menschheit nicht förderlich.

Im gemeinsamen Europa soll die englische Sprache als Lehr- und Amtssprache flächendeckend innerhalb von zehn Jahren eingeführt werden. Die Menschen in Europa sollen sich in jeder Ecke des weiten Kontinents und überall auf der Welt verständigen können. Es wird einmal wunderbar sein, wenn alle Menschen in allen Ländern der Erde die gleiche Sprache sprechen. Die unterschiedlichen Kulturen können auch mit einer gemeinsamen Sprache gelebt werden.

Bildungspolitik

Das Bildungssystem ist laufend zu verbessern und Bildung muss jedem zugänglich gemacht werden. Forschungen über zukünftige Gegebenheiten sind versäumt worden. Vieles an Wissen wurde vergangenheitsbezogen gelehrt, was aber für die Zukunft unzureichend ist. Die Herausforderungen der Zukunft sind oft deswegen nicht gelehrt worden, weil manche jeden Fortschritt verhinderten, um sich – im System ihrer Pfründe – eine goldene Nase zu verdienen. Universitätsprofessoren haben sich kontinuierlich ein zweites Standbein geschaffen, sie sind neben ihrer Tätigkeit an den Universitäten auch „privatwirtschaftlich" fündig geworden, sie berieten aufwandsmaximierend die Ministerien in den europäischen Staaten. Sie hatten aus ihren wirtschaftlichen Interessen heraus nicht die Motivation, ihr Bestes zu geben oder ihr Wissen vollends an die Studenten weiterzuvermitteln. Es ist auch gängige Praxis, dass einige Organisationen ihre ehemaligen „Studenten" bevorzugt in die Chefetagen von Unternehmen hineinloben, damit diese Newcomer anschließend von ihren Beratungsleistungen abhängig sind. Die Beratungen des Finanzministeriums bezüglich des Steuersystems leisten zusehends Wirtschaftsprüfer und Steuerberater, nicht jedoch unabhängige Finanzwissenschaftler und unabhängige Professoren. Das ist nicht gut.

Die EtP Europa fordert eine totale Wissensvermittlung sowie eine totale Transparenz der Lehre an Schulen und Universitäten. Um Interessenkonflikte zu vermeiden, ist die Lehre an einer Universität unvereinbar mit einem privatwirtschaftlichen Arrangement. Professoren sind in die Pflicht genommen, mit den Studenten auch zukunftsweisende, fortschrittliche Forschung zu betreiben. Wissensvermittlung parteipolitischer Ausrichtungen ist sehr sinnvoll, wenn dieses Wissen zur Entscheidungsfindung der Bürger beiträgt oder es der Inhalt der Lehre ist, z. B. in Politikwissenschaft, in Soziologie, in Wirtschaftspolitik usw.

Die Bildungspolitik darf sich nicht nach der Wirtschaftspolitik richten und sich ihr beugen, sie muss uns ein friedliches Zusammenleben lehren, damit wir für eine gute Zukunft die notwendige Produktionsrücknahme und somit die Verminderung der Umweltbelastung ohne Hass und Krieg meistern. Betriebswirte müssen volkswirtschaftlich denken und handeln, sollten sie im Studium belehrt worden sein, dass Unternehmen Handelswaren sind, müssen sie sich danach von dieser Verwirrung lösen. Unternehmen sind keine Handelsware, wie auch Bauernhöfe nicht Handelsware der Banken sind, sie sind die Lebensgrundlage der Menschen.

Literatur und Kulturpolitik

Die Kulturpolitik und vor allem die Literaturpolitik sind gut organisiert und strukturiert. Auffallend ist, dass die Literaturpreisträger fast ausschließlich einer Gesellschaftsgruppe angehören. Sieht man noch etwas näher hin, so erkennt man auch, dass die großen Verlagshäuser viele kleine Verlage in Beteiligung halten und in wenigen Händen sind. Diese Konstellation lässt den Schluss zu, dass ausgehend von diesen Verlagshäusern die Literaturpreisträger „gemacht" werden. Die ganz großen Verkaufserfolge (!) werden inszeniert, damit dieser Gesellschaftsgruppe recht viel Geld zufließt. Die Literatur bereitet auch die gesellschaftlichen Normen auf. Vieles, was wir tun und als normalen Zustand betrachten, ist durch die Literatur zur Norm geworden, so auch die Globalisierung und die Zustände in der Finanzwirtschaft. Es ist nun möglich, dass in einer Causa BANK das Verhalten der Couleurs als wirtschaftlich normal bezeichnet wird; als „wirtschaftliches Risiko" hat es die betriebswirtschaftliche Literatur weißgewaschen. Es wird nicht mehr als Veruntreuung von Mitgliedsbeiträgen gesehen – sie wären treuhänderisch zu verwalten gewesen, sie hätten niemals zur Verlustabdeckung der Bankschulden herangezogen werden dürfen, weil das Geld den Mitgliedern gehört, sie haben es sich im Streikfonds für eventuelle Streiks angespart –, sondern dieser Betrug wird uns als „das Wirtschaften" verkauft. Ein Buchhalter eines Vereins, der Mitgliedsbeiträge veruntreut, wird sofort rechtens eingesperrt. Warum gelten in diesem „Verein" andere Regeln? Oder fließt das vermeintlich verspekulierte Geld (aus Causa BANK, Salzburg, Linz) über gewisse Herren zur Partei zurück und weiß und deckt die Gegenpartei dieses, weil sie selbst aus Ähnlichem schöpft? Es ist vieles ins Legale geschrieben geworden, so rennen die Akteure frei herum.

Der Erfolg von Literatur hängt von nur wenigen großen Verlagen ab, sie gehorchen mächtigen Gruppen, sie haben die Macht des Marketings, sie können auf diesem Wege fördern oder verhindern.

Die EtP Europa fördert eine unabhängige Plattform für alle Kultur-, Literatur- und Kunstschaffenden, sie hat die Aufgabe, alle bestmöglich in ihrer Arbeit und im Vertrieb zu unterstützen. Patentfähige Ideen der Bürger, welche an Awards teilnehmen, werden nicht über diese Teilnahme gestohlen werden können, auch wenn abgeleitete Patente aus den Einsendungen dann von den unterstützenden Firmen „erfunden" werden.

Kultur und freie Meinungsäußerung, zukunftsorientierte ethische Gedanken sollen in ihrer Vermarktung nicht behindert – zensuriert – werden, sondern müssen einer breiten Öffentlichkeit zugänglich sein. Dabei sind Printmedien genauso wichtig wie Radio, Fernsehen und Verlagshäuser. Alle diese Möglichkeiten wird die EtP Europa für jedermann erschwinglich bereitstellen.

Vetternwirtschaft

Proporz ist menschenverachtend und einer modernen Gesellschaft nicht würdig. Alle Einrichtungen des Gesellschaftslebens müssen chancengleich für jeden, auch ohne Fürsprecher, frei zugänglich sein. Neben den Kammern haben sich private Netzwerke gebildet, sie lassen ihren Mitgliedern ungerechtfertigte Vorteile zukommen. Alle anderen, die nicht diesen Organisationen angehören, haben somit erhebliche, oft unüberwindbare Nachteile. Die gut dotierten Positionen werden fast ausschließlich von begünstigten Personen, meist sind es die Söhne und Töchter der politischen und wirtschaftlichen Elite, eingenommen. Wegen des Mangels an guten Positionen werden jüngst auch normale Stellen mit solchen Günstlingen besetzt. Hochbegabte und bestens ausgebildete Menschen sind deswegen arbeitslos geworden und viele werden es dadurch noch werden. Die Netzwerker handeln aus persönlichen Motiven, das ist für die Gemeinschaft unerträglich.

Die Ethikbewegung schwört jedem Proporz ab und trachtet nach Chancengleichheit in allen Lebenslagen und Stellenbesetzungen. In der Vergangenheit vergebene Führungspositionen in volkswirtschaftlich wichtigen staatsnahen Unternehmungen und Ämtern werden neu ausgeschrieben. Menschen, welche aus ihrer befristeten sozialen Tätigkeit (z. B. Politiker, Nothelfer) in die Wirtschaft zurückkommen, werden bei ihrer Eingliederung ins normale Arbeitsleben unterstützt. Netzwerke, welche in der Vergangenheit nur jene Menschen am Arbeitsleben und somit am Wohlstand teilhaben ließen, die sich ihnen angeschlossen hatten, werden eliminiert, weil sie nicht mehr benötigt werden.

Die Gesellschaft wird von den mafiaähnlichen Strukturen befreit. Geheime, schädliche Logen werden untersagt, die Mitglieder gelistet und die Organisationen aufgelöst. Menschen mit Führungsqualitäten übernehmen die wichtigen Positionen, sie verstehen die unterschiedlichen Charaktere und sie formen aus dieser Vielfalt ein gutes Gemeinwohl, in dem sich niemand mehr von „raffgierigen Managern" bedroht fühlen muss. Wir müssen die Menschen von Abhängigkeiten befreien, damit wieder Lebensfreude einkehrt. Die Menschen müssen sich wieder etwas sagen trauen und sollen nicht mehr Angst haben, wenn sie Missstände aufzeigen, die sie nicht haben wollen. Nur so können wir die Umwelt und die Ressourcen schonen und uns eine lebenswertere und bessere Welt bauen.

Umwelt

Einzelpersonen aus erlauchten Kreisen betreiben für ihre Gewinne Raubbau an allen natürlichen Vorkommen unserer Erde. Diese Gruppe ignoriert, dass unsere Rohstoffe begrenzt sind, und denkt nicht daran, dass sie auch unseren Nachkommen überlassen werden müssen. Durch die Ausweitung des uneingeschränkten Marktes nach Osten steigt auch dort der Verbrauch an Gütern und somit an Materialien. Der Westen gerät durch das jetzige Wirtschaftssystem (Wohlstand nur durch Wirtschaftsaufschwung – wegen der Zinsen) unter Konkurrenzdruck und tätigt andauernd neue Investitionen, was wiederum unnötige Güter (Müllgüter) entstehen lässt und unnötig Rohstoffe verbraucht. Ein Teufelskreis – Wirtschaftsaufschwung zu Umweltbelastung – ist hier angezettelt worden, dessen Auswirkung erst in Jahrzehnten deutlich sein wird, dann aber irreparabel ist.

Viel Arbeit wird zukünftig zur Wiederherstellung einer intakten und gesunden Umwelt notwendig sein. Diese schöne Aufgabe wird aus den arbeitszeitlichen Reserven, welche durch die Abschaffung unnötig gewordener Verwaltungstätigkeiten und unnötig erzeugter Müllgüter frei werden, bewältigt. Wir erzeugen nur mehr Güter mit langer Lebensdauer, wir vergeuden nicht mehr unser Holz für Brennöfen und Heizungsanlagen, sondern verwenden es für Möbel und Häuser. Wir verdrängen damit den Kunststoff und machen uns so unabhängiger von der Erdölgesellschaft. Wir schränken uns ein, dort, wo es sinnvoll ist und unsere Lebensfreude damit nicht beeinträchtigt wird.

Die Landwirte und Bauern müssen für ihre Produkte und Leistungen so hoch entlohnt werden, dass keine Fördergelder mehr notwendig sind. Die Preise werden dadurch nicht steigen, sondern die Handelsspanne wird auf Kostenniveau gesenkt, d. h., Gewinne aus der Vertriebstätigkeit von landwirtschaftlichen Produkten sind nicht mehr möglich, auch würden sie durch die hohe Besteuerung nicht sinnvoll sein.

Für die Ethikbewegung ist die Umwelt ein Gut mit Grundrechtscharakter, besichert durch neue Gesetze wird sie geschont und neu gestaltet und somit wieder erlebenswert.

Erneuerbare Energieträger

Die gut förderbaren Erdölvorkommen gehen langsam zurück, wir suchen nach erneuerbaren Energieträgern und wir haben schon gute Fortschritte in diesem Bereich gemacht. Wir bauen Getreide an, veredeln es zu Alkohol und verwenden diesen als Treibstoff für unsere Fahrzeuge. Wir meinen, wir lösen so das Energieproblem: Zuerst verbrennen wir das Erdöl und dann verbrennen wir unser Holz – unseren Baustoff, und auch unser Getreide – unser Brot. Das sind Gedanken von kurzsichtigen Spezialisten, für unsere Zukunft brauchen wir aber Generalisten. Ein Baum wächst 100 Jahre lang, nach der Schlägerung könnte er uns weitere 200 Jahre als Baustoff dienen; wir aber verbrennen ihn in Hochleistungsöfen in ein paar Minuten. Die Bauern und Ofenbetreiber sind in Goldgräberlaune: Stoppt sie!

Wenn wir den Verbrauch nicht drastisch reduzieren, werden wir unsere Wälder abgeholzt haben und unser Boden wird ausgelaugt sein. In ein paar Jahrhunderten wird nichts mehr auf ihm wachsen, der Boden wird mit diesen schnell wachsenden „Energiepflanzen" unfruchtbar, unser Brot, unsere Nahrung wird knapper und teurer. Unseren Nachkommen ist damit nicht gedient. Es ist eine äußerst gemeine Dummheit, mit Nahrungsmitteln zu spekulieren, das wird die Ethikpartei verhindern.

Wir müssen unsere ganze Kraft in die Vermeidung unseres Verbrauches stecken. Wir müssen mit weniger auskommen. Wir nützen dieses Jahrhundert für einen geistigen Fortschritt und somit wird uns die Reduktion unserer Gütererzeugung gelingen.

Die Erderwärmung lässt das Eis der Pole und Gletscher abschmelzen. Das hohe Gewicht des Eises wird nun über Wasser auf der Erdkruste verteilt. Die dünne, labile Erdkruste hat sich aber an dieses Gewicht des Eises der

Pole ausgerichtet und stabilisiert. Nun aber verteilt sich dieses Gewicht über das Wasser. In der Erdschale entstehen somit hohe Spannungen, die Schale wird an vielen Stellen reißen, das ergibt gewaltige Erdbeben und Vulkanausbrüche. Wir, wir aber wollen Jahr für Jahr wieder einen Wirtschaftsaufschwung, mehr Produktion, mehr Umweltverschmutzung, mehr Erderwärmung, mehr Kriege.

Die atomare Apokalypse in Japans Atomkraftwerk werden wir so lange verdrängen und nichts dagegen tun, bis sich die atomare Verschmutzung durch den Regen (Sonne saugt Wasser aus dem Ozean in die Wolken und die Wolken bringen den atomaren Regen) überall ausgebreitet hat. Die Japaner und die Firmen werden sich dann die Behebung diese Bedrohung teuer abkaufen lassen. Das ist Erpressung. Möge man tief unter dem Atomkraftwerk einen großen tiefen Tunnel graben, dann den Tunnel sprengen, damit das Atomkraftwerk als Ganzes 100 Meter tief versenkt wird. Danach kann man den Krater ausreichend mit Beton füllen und abdecken.

Ethische Regelungen

Viele Verhaltensregeln gewährleisten das Zusammenleben untereinander, was auch sinnvoll ist. Sind Regelungen politisch, wirtschaftlich oder durch Glaubensbekenntnisse motiviert, sollten wir sie überdenken. Regelungen, welche eher einem Zeitgeist gehorchen, sollten außer Acht gelassen werden, weil sie die Lebensfreiheit einschränken.

Oft wird der Leitsatz „Mehr privat, weniger Staat" propagiert und von vielen ohne Nachdenken angenommen. Die vorteilhafte mediale Aufbereitung lässt uns nicht erkennen, dass auch Gefahren – die Ausbeutung – hinter dieser Entwicklung verborgen sind. Die Kapitalmacht und die Globalisierung sind nicht demokratisch abwählbar, deshalb muss die Politik die Regeln für ein Miteinander aufstellen, Politiker dürfen nicht von den Kapitalisten gelenkt und geleitet werden, sonst werden sie einmal vom Volk abgewählt.

Der Staat stellt sich schützend vor die Menschen, wenn ihnen Druck aus Institutionen widerfahren sollte. Wenn aber staatliche Einrichtungen diese Macht missbrauchen, werden die Verantwortlichen schonungslos zur Rechenschaft gezogen. Viele Bereiche werden wieder in die Staatshoheit geführt, damit sich „private Anleger" nicht bereichern oder Situationen zu ihren Gunsten ausnützen können. Das soll nicht als „Mehr Staat, weniger privat" verstanden werden, sondern ist eine logische Handlung, damit die Menschen nicht von raffgierigen Personen ausgenützt werden. In kleinen Gemeinden wird von den Bürgermeistern und Gemeinderäten – oft sind es Grundbesitzer – böse Macht an Bürgern ausgeübt, Zufahrtswege werden enger, das Wasser abgegraben. Ein Staat, eine staatliche Institution handelt nach den Regeln des Gesetzes anonym und nicht nach persönlichen Empfindungen. Ein Staat ist um vieles gerechter, seine Handlungen sind dem Gesetz treu und neutral. Die Neoliberalisten haben uns mit ihrem Verhalten den Glauben an die freie Wirtschaft genommen, sie haben Unrecht getan, sie haben Menschen unterjocht.

In Zukunft wird es wegen unserer maßlosen Gier und aus ökologischen Gründen einige Einschränkungen geben müssen. Die EtP Europa will mit guten Argumentationen solche notwendigen Regelungen glaubhaft und plausibel vermitteln, die uns und unseren Nachkommen zugutekommen werden. Alle Regelungen werden, wie das komplette Parteiprogramm, vom Volk geschrieben und abgestimmt und sind kein Diktat der Parteiführung.

Generationenvertrag und Wiedergutmachung

An den Gedenktagen zum Kriegsende des Zweiten Weltkrieges wird allen jüngeren Bürgern regelmäßig vom Ausmaß dieser Gräueltaten erzählt, um sie unvergessen zu machen. Die Aufarbeitung dieser Zeit sollen wir Nachfolgegenerationen nützen, um uns vor Augen zu führen, was Massenarbeitslosigkeit einerseits und Reichtums Hortung andererseits bewirken können: Hass und Unverständnis machten sich damals breit und die Folgen waren letzten Endes Krieg und Verfolgung.

Die jüdische Gemeinschaft erinnert uns täglich ihres unvorstellbaren Leids im Zweiten Weltkrieg, als Menschen in vielen Ländern systematisch gefoltert und umgebracht wurden. Wegen dieses Martyriums gibt es nur an sie die Wiedergutmachungszahlungen. Gerecht wäre es aber, diese auf die ganze Welt, überall dort, wo Menschen seelisches und körperliches Leid erfahren, auszudehnen.

Wir müssen diese Wiedergutmachungslogik auf alle Unterwerfungen und Ungerechtigkeiten anwenden. Seelische und körperliche Leiden müssen gleichermaßen abgegolten werden. Ungerechtigkeiten und Armut äußern sich oft in Krankheit und Tod. Die Wiedergutmachung an den armen, ausgebeuteten Gruppen der heutigen Gesellschaft muss ein Leitgedanke für eine neue, bessere Welt werden. Es ist höchste Zeit, diese einzufordern. Es wird durch eine gerechte Umverteilungspolitik und die Verteilung einseitig angehäufter Immobilien zu erreichen sein. Seien wir mutig, das zu tun! Jene, welche ein Vielfaches des Durchschnittsvermögens eines Lebensraumes besitzen, müssen das überschüssige Vermögen wieder ins Gemeinschaftsvermögen zurückgeben, damit jene, die weit unter dem Durchschnittsvermögen liegen, ihre Situation verbessern können. Die Besserstellung der ausgebeuteten Menschen muss weltweit erfolgen. Die Ethikbewegung achtet in Zukunft darauf, dass solche Klassenunterschiede erst gar nicht mehr entstehen können.

Die Einbringung derer ungenützter Güter und Vermögen ins Volksvermögen ist keine Strafe, sondern eine ehrenhafte, ehrwürdige Leistung an die Ärmeren. Jene, die mit Geldhandel überdurchschnittlich verdient haben, müssen sich nun mit manueller und geistiger Arbeitsleistung in die Gesellschaft einbringen.

Die Ethikbewegung bemüht sich, dass unsere Nachkommen genügend Ressourcen für ihr Leben vorfinden, und diese bemühen sich wiederum, für ihre Nachkommen dasselbe zu tun. Die Nachkommen kümmern sich um die Pensionisten, damit diese im Alter würdig leben und an Kultur und Gesellschaft maß- und genussvoll teilhaben können. Wir und unsere Nachkommen verpflichten uns, keine Kriege zu schüren, aber unseren Lebensraum zu verteidigen. Zwischen den unterschiedlichen Lebensräumen gibt es ein kulturelles Verständnis und einen regen Austausch von Kultur und notwendigen Gütern, damit alle auf dieser Welt in Würde und Frieden leben können.

An die Kinder der Muslime

Der Koran verfolgt die Welteroberung durch die Einwanderung in fremdes Gebiet und durch die üppige Vermehrung in diesem neuen Lebensraum. Wir registrieren viele Zuwanderer aus den muslimischen Glaubensgebieten, aus dem Nahen Osten. Viele dieser Familien haben zahlreiche Kinder. Die Muslime integrieren sich nicht in unseren Lebensraum, sie nehmen nicht unsere Lebensformen, unsere freie Geisteshaltung an. Sie wollen letztendlich den Koran durchsetzen. In zwei Generationen werden sie wegen ihrer vielen Kinder einen Gleichstand zu unserer vorwiegend christlichen Bevölkerung haben. Spätestens mit dem Gleichstand werden die Muslime auch in unserem Lebensraum eine eigene politische Partei gründen, um ihre Interessen nicht nur im Religiösen, sondern auch im Politischen durchzusetzen; notwendigerweise zuerst politisch und dann mit dieser Mehrheit auch im Religiösen. Wir Christen durchschauen das längst, nur, wir schauen (noch) sehr friedlich zu.

Die Mütter und Väter der Einwanderer verfolgen diese Ziele des Korans, weil sie es so gelernt haben, sie können gar nicht anders, es ist ihnen von ihren Gottesmännern so eingeredet worden. Kinder der Muslime, denket daran, kein Volk lässt sich sein Land und seine Kultur wegnehmen, auch nicht mit den friedlichen Mitteln des Nachwuchses und der Demokratie! Denket daran, dass auch eure Religion durch eure Führer entstanden ist, sie benützen euch zu ihrem Wohle, ihr aber müsst für sie in den „Krieg"! Dreht euch zu ihnen um und sagt: Wir wollen Frieden und wir wollen auch die Christen lieben!

Sollten Menschen auf Dauer von einem zum anderen Lebensraum wechseln wollen, müssen sie sich den Regeln und der Kultur des neuen Lebensraumes anpassen, das würden wir Christen auch machen, wenn wir uns für immer in islamischen Gebieten ansiedeln wollten. Doch nur wenige von uns machen derzeit Gebrauch davon, wir wollen die Kultur, den Glauben und das Vermummen unserer Frauen dort nicht, denn zu sehr begehren wir sie wegen ihrer offen zur Schau getragenen Erotik. Fragt eure wissenden Väter, sind sie doch Kunden in unseren Puffs, bei unseren sexy Frauen. Deswegen schützen wir unsere Kultur hier in unserem Kulturkreis, hier in unserem Lebensraum. Liebe Muslime, ihr müsst das verstehen, ihr seid zu uns gekommen, wir nicht zu euch. Wir rufen nach niemandem, wir geben aber bis jetzt noch Land und Heim an den, der sich in seinem Land, also in seiner Kultur und in seinem Glauben, nicht wohl oder verfolgt fühlt. Wir laden die hier lebenden Muslime herzlich ein, sich unserer Kultur und unserer Lebensweise voll anzuschließen. Wir wollen die Vereinigung der Religionen. Muslime beschäftigen in Zukunft in ihren Firmen auch Christen, so wie wir jetzt schon Muslime beschäftigen, und muslimische Frauen sind auch europäischen Männern, ohne ermordet zu werden, „zugänglich". Niemand gründet eine politische Partei mit religiösen Inhalten. Wir alle leben in unserer freien Kultur.

Durch die Verschmelzung der Religionen und ihres irdischen Handelns und Tuns wird sich die Angst wohl legen. In der nächsten Generation haben sich die Zuwanderer voll integriert und es ist alles eins. Jeder soll spirituell leben, wie er möchte. Nur soll jeder den anderen damit in Ruhe lassen und nicht stören, jeder will seinen Frieden haben. Wir müssen selbst denken und überlegen, dass jeder Glaube einmal von Menschen gemacht entstanden ist und nicht gottgewollt ist, denn: Gott liebt uns ja. Er würde niemals unterschiedliche Religionen wollen, wenn wir uns deshalb Tausende Jahre bekriegen. Das macht Gott nicht, das machten schlaue Menschen, die die unterschiedlichen Religionen und Kirchen erfunden haben und viele Menschen davon abhängig machten. Jahrtausendelang hat sich dies gehalten. Gott aber gab den Menschen das Denken, damit sie davon wieder loskommen. Freud euch des Denkens.

Ende

Ich fragte mich schon mein ganzes Leben, ob das, was ich vorfinde, so sein muss, wie es ist, und warum ich die Gegebenheiten nicht immer vorbehaltlos akzeptiere.

Wir müssen die Auswirkungen unseres Handelns auf unsere Umwelt und auf unsere Nachkommen hinterfragen, verlorene Umwelt wiedergewinnen und ein soziales Leben leben. Wir haben Alternativen nicht wahrgenommen und wurden durch den Verkauf von Unternehmen abhängig, das sind Fehler, die wir begangen haben. Diese müssen wir nun korrigieren.

Wir wollen eine gerechte Umverteilung. Dazu müssen wir zuerst die Zinsen (die Treiber) eliminieren, damit wir eine Wirtschaft auch ohne Wirtschaftsaufschwünge (ohne Ressourcenverzehr) schaffen können. Kein Mensch soll mehr glauben, dass das, was wir bis jetzt getan haben, nicht zu verändern ist. Wir können uns eine ganz andere Welt bauen, eine viel bessere, als uns das Hochfinanzproletariat bis jetzt vorgegaukelt hat. Nicht die Multis und auch nicht die verbohrten Wirtschaftstreibenden werden uns ihre Visionen aufzwingen.

Forschungsmittel dürfen nicht nur in Technik und Gentechnik investiert werden, sondern auch in die Human- und Friedensforschung – das ist die größte Herausforderung der Menschheit. Nichts an Technik kann so wichtig sein wie der Friede und eine intakte Umwelt.

Die EtP Europa soll in ganz Europa gegründet werden. Gründen wir Neues, aus allen Gesellschaftsschichten heraus, aus allen Parteien gemeinsam entstehend, damit wir in unserer Zukunft etwas Gutes tun. Politik muss die Menschen wieder ansprechen, wir dürfen das nicht Machthabern und Wirtschaftsbossen überlassen. Es ist eine friedliche Revolution. Die Vielfalt der Meinungen und Anschauungen auf der Basis von Ethik, Würde und Freigeistigkeit soll unser Inhalt sein.

Ich suchte ein alternatives Programm, ich will für unsere Zukunft vollkommen neue Ansätze zugrunde legen und das Alte verlassen. Es muss ergänzt und nach mehrheitlichen Wünschen in einer Fibel weitergeschrieben werden. Die ethische Ausrichtung, die Würde der Menschen, die Gleichberechtigung, der gemeinsame Wohlstand, der Schutz der Umwelt, der Lebewesen, der Minderheiten und der Ressourcen sind jedoch die Vorgaben, die Leitsätze der EtP Europa.

Versuchen Sie, die Geschehnisse „von oben" mit Abstand zu sehen, dahinter das weite Universum, davor die kleine Erdkugel mit den vielen Kreaturen. Sie werden unser Verhalten oft schauerlich finden. Wir werden uns fragen, warum es dieses Verhalten untereinander gibt, und erkennen, wie abartig Kriege sind und wie dreist unser Neid ist. Futterhortung, Scheinheiligkeit, Schlauheit und Brachialgewalt basieren auf dem Niveau der zweiten und dritten Geistesstufe. Menschen mit höheren Niveaus werden diesen Typus in Politik und Wirtschaft einmal ablösen.

Wenn SIE glauben, das Hundertfache des Normalverdienstes gebührt Ihnen, dann gehe ich mit Ihnen frühstücken. Ich esse aus Rücksicht nur eine Semmel mit Wurst und Käse, ein Ei, trinke nur eine Tasse Kaffee, Sie aber essen all das, von dem Sie glauben, dass es Ihnen zusteht, von jedem das Hundertfache. Ich organisiere danach Ihr Begräbnis.

Oft zweifle ich daran, dass man einem Menschen sein Eigentum nehmen kann. Ich denke darüber gründlich nach, wäge alle Bedenken ab. Wenn Eigentum entstanden ist, weil es durch gesetzliche Gegebenheiten, die sich die Mächtigen für sich schafften, möglich wurde, zu diesem Reichtum ohne eigene Leistung zu kommen, dann ist es auch legal und rechtens, andere Regeln, die dem

Gemeinwohl und der Allgemeinheit zugutekommen, zu erlassen. Das beruhigt mich ungemein und überzeugt mich in meiner Einstellung, die nicht mir allein, sondern vielen nützt. Die Eigentümer brauchen keine Angst zu haben, wenn sie ihr Eigentum für das Gemeinwohl geben, oft sind sie die Hüter ihrer Besitzungen zum Wohle des Volkes, man denke an die vorbildlichen Adelsfamilien in unserem Land.

Einige meinen, dass alles ist Träumerei, ja natürlich träume ich von einer heilen Welt. Andere schüren mit ihrem Tun oder nicht Tun Kriege, sie predigen aber eine heile Welt. Denen ist der Weltfriede völlig egal, leider. Nehmen WIR es in die Hand.

Ich will auch nicht haben, dass die Rechtspopulisten wieder die Macht ergreifen. Sie sind in ihrem Gedankengut rückständig, hunderte Jahre zurück. Dem gleichzusetzen ist auch das Gedankengut der radikalen Muslime, welche die „Ungläubigen – Christen" verdrängen möchten. Paradoxerweise kämpfen aber die Rechtspopulisten auch gegen die (radikalen) Muslime, wo aber ist der Unterschied? Beide sind in ihrem Gedankengut gleich rückständig, jeder auf seine andere Art. Die Heimat wird von diesen verteidigt, wenn aber die Heimat nur bis zum ICH reicht, bleibt nur das ICH, mit dem Tod stirbt auch das ich

Der Fremde ist nicht nur der, von einem anderen Land, der Fremde ist schon einer von einem anderen Dorf, von einer anderen Stadt im selben Land.

Es gibt viele aktuelle Bewegungen zur Rettung der Umwelt, die Herrschaft lässt diese zu, merkst du das? Sie applaudieren diese (jungen) Umweltaktivisten. Sie applaudieren, weil diese keine Lösungen vorlegen, wenn sie das einmal tun, werden sie negiert und unterdrückt. Das derzeitige Wirtschaftssystem lässt keine systemverändernden Lösungen zu, da verlieren zu viele.

Ich habe hier Lösungen vorgeschlagen, einige wenige wird es dabei treffen, diese werden es verkraften. Viele suchen die Rettung der Umwelt in der Technik, das wird leider scheitern, wir brauchen die Veränderung.

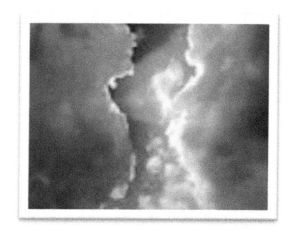

Anhang

Meine ersten Gedanken zu diesem Thema in:
„Männerprostitution & Die neue B A B E L"
ISBN 978-3-8334-7221-3
2004, letzte Ausgabe September 2008

Meine Homepage:
www.members.aon.at/weissenbacher
Meine E-Mail:
engelbert.weissenbacher@aon.at

Schwerkraftkraftwerke; rollende Generatoren in mehrbahniger Wannenschienenanlage oder in einer hochwelligen Kreisschienenanlage

PAGZ 3A A1474/2007, Weißenbacher Engelbert,
(Patentanmeldung war nicht möglich).

Es wird eine Schwerkraftkraftwerksanlage mit rollenden Generatoren in einer mehrbahnigen Wannenanlage beschrieben. Die in einer Art Skaterwanne (Halfpipe) oder zwischen Berghängen auf Gleisen rollenden Generatoren erzeugen in der Talfahrt ihre Hauptenergie. Damit die Energieerzeugung insgesamt in der Anlage nicht abbricht, sind mehrere Bahnen mit zeitlich versetzten, bergab fahrenden Generatoren notwendig. Die nacheinander bergab fahrenden Generatoren erzeugen neben ihrer Hauptenergie auch die notwendige Energie für die auf den anderen Gleisen vorher bergab fahrenden und nun schon „bergauf fahrenden" und hochzuziehenden Generatoren; für deren Hochschleppen zum Ausgangspunkt am anderen Berg, an der anderen Seite der Wanne, oder der Welle. In der Rückfahrt erzeugt dann dieser erste Generator (bei gleichbleibender Rotordrehrichtung durch Getriebeumschaltung/Umlenkrolle) wieder seine Hauptenergie und die Energie für das Hochschleppen (des zweiten) eines anderen hochzuziehenden Generators. Die Generatoren fahren durch ihren Schwung im Schienenwagen und unterstützt durch die via Kupplung an den Schienenrädern eingreifende Rotationsmasse(-Energie) von großen Schwungrädern und des eigenen Rotors von selbst dem Gegenhang ein gutes Stück (bei Wegschalten der Induktion) hinauf. D. h., im Auslauf wirken die Rotationsenergien des Rotors und des Schwungrades, welche sich mit hohen Übersetzungen beim Bergabfahren aufbauen, durch die niedrigere Übersetzung beim Bergauffahren als Antrieb, um den Generatorwagen hochzufahren. Bei Bedarf wird externe Energie (z. B. eines bergab fahrenden Generators) zugeschaltet. Der Weg des Energiebedarfs beim Hochziehen ist kürzer als der Weg der Energieerzeugung beim Bergabfahren.

Die elektrische Überschussenergie (aus der Wegdifferenz: Erzeugung und Hochziehen) geht ins Verteilernetz. Die Verluste und die Induktion dürfen nicht höher sein als die Kraft (Erdanziehung) der Masse mal Beschleunigung des Generatorwagens.

Beschreibungseinleitung

Die Idee bezieht sich auf eine Schwerkraftkraftwerksanlage, sie ist eine Alternative zu bestehenden Anlagen und sonstigen alternativen Kraftwerken. Die Antriebsenergie der Generatoren ist die Schwerkraft ohne ein anderes Naturmedium (z. B. Wasser) zu nutzen, übertragen wird diese über große (Eisenbahn-) Antriebsräder. Die Anlage ist höchst umweltfreundlich, vollkommen ohne Schadstoffausstoß und eine einfachste Bauweise der Kraftwerksanlage und der Generatoren mit integrierten Transformatoren ist möglich. Diese Anlagen können auch in großen Hallen mit vielen Bahnen überall aufgebaut werden. Kleingeneratoren Pendel- oder Kreisanlagen könnten auch in einzelnen Häusern errichtet werden. Auch eine unterirdische Bauweise ist möglich, und sie ist unabhängig von Wind, Wasser und Sonne.

Stand der Technik

Derzeit wird Strom in Wasserkraftwerken (Flusskraftwerke, Speicherkraftwerke), Atomkraftwerken und mittels Sonnen- und Windenergie erzeugt; alle anderen Formen nicht erschöpfend erwähnt. Die Schwerkraft wird immerzu nur mit anderen Medien (z. B. Wasser) als Energiequelle genützt. Dies bedarf dieses Mediums Wasser, leider wird davon immer weniger, auch wird Wasser in Zukunft eher als lebensnotwendiges Nahrungsmittel gebraucht werden, also zu schade dafür, es zu 100 % als Antriebsenergie in Kraftwerken zu verbrauchen. Wasser soll eher nur als Zusatzenergie dienen. Um die Schwerkraft direkt zu nutzen, müssen die Generatoren durch die Schwerkraft rollen, damit sich ihre Rotoren drehen. Man löst die gestellte Aufgabe dadurch, dass eine Wannenantriebsanlage oder Kreisschienenanlage mit allen ihren technischen Einrichtungen gebaut werden müsste. Die konstruktive Ausführung ist Detail und Optimierung dieses Prinzips der direkten Nutzung der Schwerkraft. Es sind mehrere Varianten dieses Prinzips denkbar. Die Variante der „Wannenantriebsanlage" ist nachfolgend beschrieben. Die hochwellige Kreisschienenanlage funktioniert nach dem gleichen Prinzip.

Prinzip der Beschleunigungsanlage

Eine Eisenbahnschiene wird von einem Berghang hinunter ins Tal und beim danebenstehenden Berghang wieder den Berg (oder in der Wannenanlage) hinauf verlegt. In einer Art Skaterwanne. Die rollende Generator- (-Trafo-) -anlage hat eingebaute Kleinmotoren, welche extern gespeist werden, damit die Generatoranlage am gegenüberliegenden Berghang dort bis zum höchsten Punkt hinaufkommt. Das ist notwendig, weil durch die Reibung, durch den magnetischen Widerstand usw. die Fallhöhe des Generatorwagens nicht der Steighöhe entspricht. Diese Verlustenergien müssen per Garnitur extern (mit den anderen bergab fahrenden Generatoren und/oder bei Bedarf externer Zusatzenergie, auch z. B. Schwungrad; dazu später) zugeführt werden. Die Skaterwanne darf links und rechts nicht zu steil sein, weil sonst die (Schienen-)Antriebsräder schlüpfen (keine Haftung haben).

Hochwellige ringförmige Kreisschienenanlage 1)

Die Skater Wanne wird durch eine hochwellige kreisförmige, mit großem Radius (1 - 5 km) gebaute Schienenanlage ersetzt. Dadurch kann die Laufrichtung der Rotoren und der Schwungräder immer gleich bleiben, es sind keine Umlenkrollen und Getriebeschaltungen für die Umkehr der Laufrichtung notwendig, das bedeutet auch weniger Verluste im System. In dieser großen Kreisanlage können viele Generatoreinheiten hintereinander fahren, damit die Stromgewinnung nicht abbricht. Der abfallende Teil der Welle ist steiler, der ansteigende Teil der Welle ist flacher.

Mehrgleisige Bahnanlage 2)

In der Anlage sind mehrere Beschleunigungsgleise nebeneinander oder übereinander, um die Generatoren in Drittel-, Viertel-, Fünftel-Abständen loslassen zu können, aufgebaut. Es kommen damit mehrere Generatoren gleichzeitig für die Hauptenergie und für die Verlustenergie auf. Es müssen mindestens drei Bahnen vorhanden sein, mehrere sind günstiger. Verlustenergien (zum Hochfahren an der anderen Seite des Berges/der Wanne) werden von den zu Tal fahrenden Generatoren aufgebracht.

Im Detail:

Der erste Generator am Berg wird losgelassen, er fährt durch sein hohes Gewicht mit hoher Energie zu Tal und rollt den gegenüberliegenden Berg (der anderen Wannenseite) mit seinem eigenen Schwung hinauf. Wenn dieser erste Generator unten im Tal ist und beginnt, die Steigung hochzufahren, werden der zweite und nach einer Weile der dritte Generator auf den anderen Schienen (Gleisen) losgelassen. Auch sie fahren zu Tal und liefern ihre Hauptenergien und die Antriebsenergie für die Antriebsmotoren, damit der erste Generator am gegenüberliegenden Berg das letzte Stück seines Auslaufs auf die entsprechende Höhe hochgefahren werden kann. Ist der erste Generator am höchsten Punkt des anderen Berges, wird er von der Synchroneinrichtung losgelassen und fährt (bei gleicher Rotordrehrichtung durch Umlenkrolle) wieder zu Tal und den anderen Berg wieder hinauf. Währenddessen liefert er (der erste) das zweite Mal seine Hauptenergie und die Antriebsenergie für die Antriebsmotoren der anderen Generatorengarnituren, die ebenfalls zum höchsten Punkt hochgezogen werden müssen. Die Synchronisation für die optimale zeitliche Abfolge der Startintervalle erfolgt in der Zeit des Hochfahrens in einer Regelstation.

Schwungräder

Ein Schwungrad (z. B. seitlich, zwischen den Antriebsrädern) wird angebracht, das beim Bergabfahren mittels Übersetzungen eine sehr hohe Drehzahl erreicht. Unten, an der Talsohle, werden die E-Rotoren des Generators und das Schwungrad von den Eisenbahnantriebsrädern ausgeklinkt, beide (Schwungrad und E-Rotoren) rotieren beim Hochfahren des Generatorwagens mit ihrer hohen Drehzahl im Leerlauf weiter, dann, wenn der Generator ausläuft, schalten sich das Schwungrad und die Rotoren mit entsprechender Übersetzung, mit ihrer hohen Drehzahl wieder auf die Eisenbahnantriebsräder hinzu, die dann von diesen (v. Schwungrad & Rotoren) angetrieben werden. Die unterstützende Rotationsenergie der Schwungräder ermöglichen es, den rollenden Generatorwagen bis zur gegenüberliegenden Ausgangshöhe der Wanne hochzutreiben, bei Ankunft am höchsten Punkt wird wieder ausgekuppelt und beim Zurückbergabfahren eine Umlenkrolle (oder mittels Getriebe) eingeschaltet damit die Rotoren und das Schwungrad ihre erste Drehrichtung beibehalten können, um dann beim Zurückbergabfahren eine noch höhere Drehzahl zu erreichen. Bei der hochwelligen Kreisschienenanlage bleibt die Drehrichtung aller Räder immer gleich, Umlenkrollen und Umlenkgetriebe sind nicht notwendig, die Rotationsenergie kann sich ohne diese Verluste besser entfalten.

Generatoren

Diese können in Einrotor- oder Zweirotorausführung gebaut werden. Die zwei Achsen sind die Rotoren mit Wicklung, am Ende links und rechts mit großen Schienenrädern und mit großen Schwungrädern, diese haben die Funktion einer Turbine (wie Schaufelrad bei Wasserkraftwerken). Das „Rotor-Gehäuse" ist das Statorblechpaket mit einer Statorwicklung je Rotor. Der erzeugte Strom wird mittels Bürsten, die an den Kupferschienen neben dem Eisenbahngleis mitlaufen, übertragen. Da hoher Strom übertragen werden müsste (dicke Kupferschienen), muss auf dem Generatorblechpaket gleich der Transformator aufgebaut werden. Ein transformierter „Hochvoltstrom" lässt sich besser über die Bürsten auf die Kupferschienen übertragen. Das Gewicht des Trafos bedeutet zusätzliche Kraft (Masse mal Erdbeschleunigung) für die Talfahrt. Details in der Berechnung und Konstruktion. Die Generatoren können in Zweirotor- wie ein Auto oder in Einrotorausführung mit Stützrädern mit aufgesetztem Trafo (ist zusätzliches Mehrgewicht) ausgeführt werden. Bei Einrotorausführung laufen hinten und vorne Stützräder mit, damit sich der Stator wegen des Magnetwiderstandes nicht überschlägt (mitrotiert). Auch bürstenlose Generatoren, wo sich anstatt des Rotors der Stator dreht ist eine denkbare Version.

Hochstation

Zumindest eine Berg- oder Talstation hat eine Wartungsanlage. Während einer Wartung fahren die anderen Generatoren und der Ersatzgenerator auf ihren Bahnen weiter. In dieser Station befindet sich auch eine Synchronisationsanlage, welche die Taktung (Zeitpunkt des Loslassens) der bergab fahrenden Generatorengarnituren vornimmt. Für das Hochschleppen der Garnituren könnten auch andere technische Anlagen (einklinkende Lifte, Zahnradbahnen) dienen.

Effekte der Idee

Durch das hohe Generatorgewicht (inklusive aufgebauten Trafos) werden durch die Erdanziehung hohe Kräfte erzeugt, diese Kräfte nützt man zur Energieerzeugung. Den Fahrtlärm kann man mit einer Dämmhaube entlang der Strecke eindämmen. Eine unterirische Anlage wäre unsichtbar und ohne Lärm nach außen. Die Energieausbeute aus diesem System errechnet sich aus Masse mal Geschwindigkeit zum Quadrat über die Erdbeschleunigung abzüglich der Verluste (Fahrt-, Reibungs-, Luft- und Induktionsverluste). Die Anlage kann zwischen zwei Bergen (besonders hohe Energie) und auch in großen Hallen und hochwelligen Kreisanlagen sowie auch als Kleinanlage gebaut werden. Die Anlage ist primär unabhängig von Wasser-, Wind- oder Sonnenenergie.

Schwerkraftkraftwerksanlage mit rollenden Generatoren (inkl. aufgesetzten Trafos), in Zwei- oder Einrotorausführung in einer mehrbahnigen (Skater-)Wannenanlage oder Hochwelliger Kreisanlage als primäres Antriebsprinzip, das Hochfahren unterstützt mit der Rotationsenergie der Generatorrotoren und der Schwungräder nach Beschreibung und Skizzen. Abgeleitete Ausführungsvarianten, jedoch dem Wannenprinzip oder der Hochwelligen Kreisanlage nach gleich, sind Teil dieser Ansprüche.

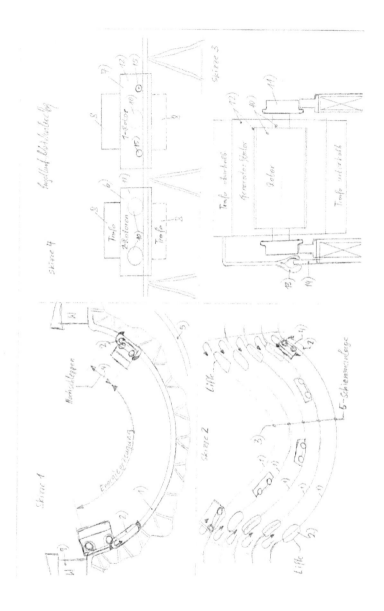

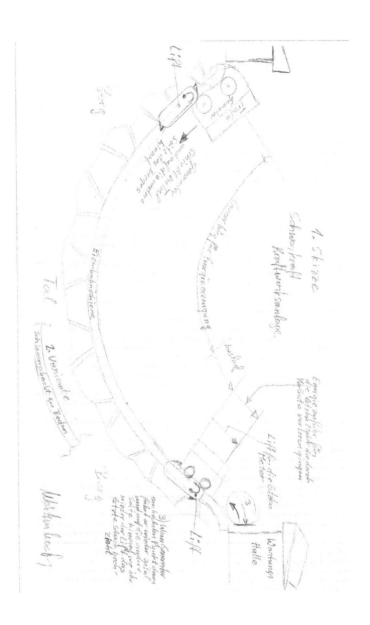

1. Skizze

Schwerkraft
Kraftwerksanlage

Lift

Zug

Zug

Seil des Liftes wird durch Gewicht belastet und setzt die andere Linie [...]

Gewicht

Tal

Umlenkung der [...]

Energie zur Hälfte die Leitet [...] dann [...] Vakuole [...] gegen

Lift für die dritten Meter

3

Lift

Zug

Eisenbahnschiene

Tal

2. Varianle
Schienenschacht im Boden

Wartungs Halle

Oberton Wolf

3) Wenn Gewicht am tiefsten Punkt einen [...] er wieder [...] und auf die andere Seite hinauf wo der [...] wieder der Lift das Gewicht hoch zieht

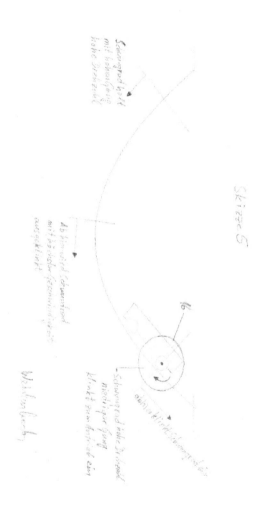

Skizze 5

Schwungrad hat
mit hoher Kraft
hohe Drehzahl

Schwungrad hat Drehzahl,
niedriger Gang,
klinkt nun fort ab ein

ab hin wird Schwungrad
mit höchster Geschwindigkeit
ausgeklinkt

Weißenbach

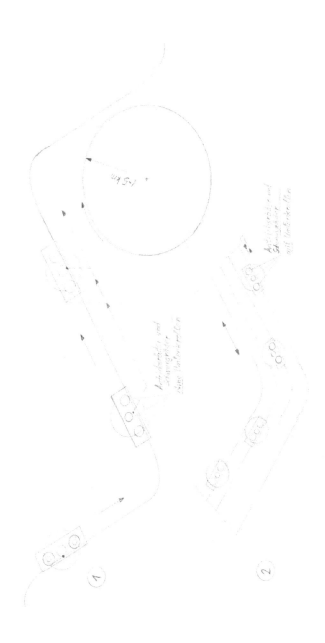

75

9 783833 436222